一切忙碌

为忙碌的妈妈和她们的家人准备的 100 种简单又营养的食谱

让膳食计划变得轻而易举

琪 蒋

免责声明

本书中包含的信息旨在作为本书作者研究过的策略的综合集合。摘要、策略、提示和技巧仅由作者推荐，阅读本书并不能保证一个人的结果将完全反映作者的结果。本书的作者已尽一切合理努力为本书的读者提供最新和准确的信息。对于可能发现的任何无意的错误或遗漏，作者及其相关方不承担任何责任。书中的材料可能包括来自第三方的信息。第三方材料包含其所有者表达的意见。因此，本书的作者不对任何第三方材料或意见承担任何责任或义务。无论是因为互联网的发展，还是公司政策和编辑提交指南的不可预见的变化，在撰写本文时陈述的事实可能在以后变得过时或不适用。

目录

介绍

许多忙碌的妈妈们害怕在餐桌上享用美味健康的家常饭菜的挑战。这本书精选了快速而令人满意的餐点，包括从煎饼到世界上最好的松饼的早餐最爱，以及藏红花鸡等简单但令人满意的晚餐。

《忙碌妈妈的食谱》是妈妈们的完美指南，她们可以为家人准备可口健康的饭菜，而无需在厨房里花费数小时。这本食谱包含 100 个易于遵循的食谱，每个食谱都有自己的彩色图像，使膳食计划变得轻而易举。从早餐到晚餐，以及介于两者之间的一切，这本食谱为您提供了既营养又美味的食谱。通过满足各种饮食需求的选项，您会找到无麸质、素食和纯素餐的食谱，以及通心粉和奶酪和鸡肉法加它等适合家庭的最爱。每个食谱都包含详细的配料清单、清晰的说明以及预计的准备和烹饪时间，因此您可以在繁忙的日程安排中轻松计划膳食。

这本《忙碌妈妈的食谱》拥有星级品质的烹饪专业知识，可满足忙碌父母的特定需求。祝你胃口好！

早餐

1. 亚麻玉米饼

使 5

原料：

- 1 杯金色亚麻籽粉
- 2 汤匙奇亚籽
- 2茶匙橄榄油
- ½ 茶匙咖喱粉
- 1杯 过滤水
- 1 茶匙椰子粉

指示：

在一个大的搅拌碗中，将所有干成分彻底混合 除了椰子粉和一半橄榄油。

a) 彻底混合，直到混合物形成一个实心球。

b) 在面团上撒上椰子粉，然后用擀面杖将面团擀开。

c) 切掉你的玉米饼 用一个宽大的圆形工具。

d)　在平底锅中用中高温加热 1 茶匙橄榄油。油热后，加入玉米饼并煎至所需的褐变。

2. 花生酱煎饼

使 6

原料：

- 1 ¼ 杯通用面粉
- 3汤匙白砂糖
- 1汤匙泡打粉
- ¼茶匙盐
- 1杯豆浆
- 1 个亚麻鸡蛋
- ¼ 杯花生酱
- ⅔杯 巧克力脆片
- 椰子油，用于油炸

指示：

a) 将面粉筛入搅拌碗中， 加入糖、泡打粉和盐。

b) 加入豆浆、亚麻蛋和花生酱， 搅拌均匀。

c) 最后加入巧克力片。

d) 用少许椰子油在煎锅中煮四分之一杯面糊。

e) 将每个煎饼两面煎约 3 分钟， 或煎至金黄色。

3. 蔓越莓煎饼配糖浆

做 4 到 6 份

原料：

- 1杯开水
- ½ 杯甜蔓越莓干
- ½ 杯枫糖浆
- ¼ 杯新鲜橙汁
- ¼ 杯切碎的橙子
- 1汤匙人造黄油
- 1.5 杯通用面粉
- 1汤匙糖
- 1汤匙泡打粉
- ½ 茶匙盐
- 1个 ½ 杯豆浆

- ¼ 杯软丝豆腐，沥干
- 1 汤匙菜籽油或葡萄籽油，加上更多用于油炸

指示：

a) 将烤箱预热至 225 华氏度。

b) 将沸水倒在耐热盆中的蔓越莓上，静置 10 分钟使其变软。将水彻底沥干，放在一边。

c) 将枫糖浆、橙汁、橙子和人造黄油混合在一个小平底锅中，用小火煮，不断搅拌使人造黄油融化。

d) 将面粉、糖、泡打粉和盐放入一个大碗中搅拌。

e) 在食品加工机或搅拌机中将豆浆、豆腐和油混合在一起，直至变得光滑。

快速敲击几下，将湿成分混合到干成分中。拌入变软的蔓越莓。

f) 在平底锅或大平底锅上用中高温加热一层薄薄的油。将 ¼ 杯到 ⅓ 杯面糊倒在热的烤盘上。

g) 煮 2 到 3 分钟，或直到表面出现小气泡。

h) 煮至煎饼的第二面变成褐色，再煮约 2 分钟。

i) 将煎饼放在耐热盘上，并在完成其余部分时在烤箱中保温。与橙枫糖浆一起食用。

4. 橙色南瓜煎饼

使 4

原料：

- 10 克磨碎的亚麻粉
- 45 毫升水
- 235 毫升无糖豆浆
- 15 毫升柠檬汁
- 60 克荞麦粉
- 60 克 通用面粉
- 8 克泡打粉，不含铝
- 2 茶匙精细磨碎的橙皮
- 25 克白奇亚籽
- 120 克有机南瓜泥
- 30 毫升融化并冷却的椰子油
- 5 毫升香草酱

- 30 毫升纯枫糖浆

指示：

a) 在一个小碗中， 混合磨碎的亚麻粉和水。搁置。

b) 在一个中等大小的混合盘中， 混合杏仁奶和苹果醋。静置五分钟。

c) 在一个单独的大搅拌碗中混合荞麦粉、通用面粉、泡打粉、橙皮屑和奇亚籽。

d) 在混合物中加入杏仁奶、南瓜泥、椰子油、香草和枫糖浆。

e) 将所有东西混合在一起， 直到形成光滑的面糊。

f) 在一个大的不粘锅中， 用中高温融化黄油。在煎锅中刷少量椰子油。

g) 在煎锅中， 倒入 60 毫升面糊。煮 1 分钟， 或直到煎饼表面出现气泡。

h) 用抹刀轻轻提起并转动煎饼。

i) 再煮 1.5分钟。

5. 草莓枫烤饼

使 2

原料：

- 2 杯燕麦粉。
- ⅓ 杯杏仁奶。
- 1杯草莓。
- 一把干醋栗。
- 5汤匙椰子油。
- 5汤匙枫糖浆。
- 1汤匙泡打粉。
- 1.5 茶匙香草精。
- 1 茶匙肉桂。
- ½ 茶匙小豆蔻（可选）。

- 撒上盐。

指示：

a)　将椰子油加入燕麦粉中，用叉子搅拌直至形成易碎的面团。

冷却后立即加入草莓块和葡萄干，然后慢慢加入所有湿成分。

b)　在涂有羊皮纸的烤盘上将面团做成一个圆圈——它应该大约 1 英寸厚。

c)　切成八个三角形后烘烤15-17分钟。

d)　与果酱、蜂蜜或坚果黄油一起食用，享受特别款待！

6. 菠菜豆腐炒

使 1

原料：

酸奶油：

- 75 克生腰果，浸泡一夜
- 30 毫升 柠檬汁
- 5克营养酵母
- 60 毫升水 1 撮盐

炒豆腐：

- 15 毫升橄榄油
- 1 个小洋葱，切丁
- 1 瓣大蒜，切碎
- 400 硬豆腐，压制，粉碎

- ½ 茶匙孜然粉
- ½ 茶匙咖喱粉
- ½ 茶匙姜黄
- 2 个西红柿， 切丁
- 30 克嫩菠菜
- 盐， 品尝

指示：

a) 在食品加工机中， 混合腰果、柠檬汁、营养酵母、水和盐。

b) 高速搅拌 5-6 分钟， 或直至光滑并放在一旁。

c) 在煎锅中， 加热橄榄油来炒豆腐。

d) 加入洋葱， 用中高火煮 5 分钟。

e) 加入大蒜， 小火煮 1 分钟， 不断搅拌。

f) 拌入碎豆腐， 使其沾上油。

g) 加入孜然、咖喱和姜黄。

h) 加入西红柿， 煮2 分钟。

i) 加入菠菜煮， 不断翻动 1 分钟， 或直到完全枯萎。把豆腐炒放在盘子里。

j) 在上面放一团酸奶油。

7. 苋菜藜麦粥

使 1

原料：

- 85 克藜麦
- 70克苋菜。
- 460 毫升水
- 115 毫升无糖豆浆
- ½ 茶匙香草酱
- 15 克杏仁黄油
- 30 毫升纯枫糖浆
- 10 克生南瓜子
- 10 克石榴籽

指示：

a) 将藜麦、苋菜红和水混合在搅拌碗中。

b) 中高温，煮沸。

c) 把火调小，把谷物煮 20 分钟，定期搅拌。加入牛奶和枫糖浆。

d) 用小火煮 6-7 分钟。从火上移开，加入杏仁黄油和香草精。

e) 用石榴籽和南瓜籽装饰。

8. 味噌拉面

原料：

- 5 汤匙味噌酱。
- 2汤匙酱油。
- 2 ½ 厘米生姜片，磨碎。
- 香菇12个。
- 225克熏豆腐，切成4块。
- 2 汤匙液体氨基或酱油。
- 250 克荞麦面。
- 16 穗小玉米。
- 1汤匙植物油。
- 8 子白菜。
- 即食豆芽 200 克。
- 2 根红辣椒，切成一定角度。
- 2 个小葱，小心地切成一定角度。

- 4 汤匙香脆海藻。
- 2汤匙黑芝麻。
- 1汤匙香油， 完成。

指示：

a) 将味噌、1.5 升水、酱油、生姜和香菇放入大锅中。搅拌混合味噌， 然后用文火慢炖。继续炖5分钟。

b) 同时， 将熏豆腐放在一个浅碗中， 倒在液体氨基上。把豆腐块翻过来， 确保两面都浸透了。

c) 将一锅盐水烧开。加入荞麦面， 重新煮沸， 煮至刚好变软， 大约 5 分钟。

d) 将玉米粒加入味噌汤中， 再煮 4 分钟。

e) 在不粘锅中用高温加热油。将豆腐轻轻放入煎锅中， 每面煎 2-3 分钟， 直至变成褐色。

f) 面条一煮熟， 用漏勺沥干水分， 用冷水冲洗， 然后分成 4 个碗。将白菜加入味噌汤中， 然后熄火。

9. 豆腐卷饼

原料：

- 1 块 12 盎司的硬豆腐或超硬豆腐。
- 1 茶匙油（或 1 汤匙（15 毫升）水）。
- 3 瓣大蒜（切碎）。
- 1 汤匙鹰嘴豆泥（商店购买或 DIY）。
- ½ 茶匙辣椒粉。
- ½ 茶匙孜然。
- 1 茶匙膳食酵母。
- ¼ 茶匙海盐。
- 1 撮辣椒粉。
- ¼ 杯切碎的欧芹。
- 蔬菜：

指示：

a) 将烤箱预热至 400° F (204° C)，然后在烤盘上铺上羊皮纸。

b) 在烤盘中加入土豆和红辣椒，淋上油（或水）和香料，搅拌均匀。烘烤 15-22分钟或直到叉子变软并略微变成褐色。在最后 5 分钟加入羽衣甘蓝。

c) 与此同时，用中火加热一个大煎锅。一热，加入油（或水）、大蒜和豆腐，炒 7-10 分钟，经常搅拌，直至略呈棕色。

d) 与此同时，将鹰嘴豆泥、辣椒粉、孜然、营养酵母、盐和辣椒粉（可选）放入一个小搅拌碗中。继续加水，直到形成可倾倒的酱汁。将香料混合物加入豆腐中，继续用中火煮至略呈褐色 - 3-5 分钟。

e) 包括大量的烤蔬菜、炒豆腐、鳄梨、香菜和一点莎莎酱。继续，直到所有的配菜都用完——大约 3-4 个大卷饼。

10. 素食蛋白棒

原料：

- ⅓杯苋菜
- 3汤匙蛋白粉
- 2 汤匙枫糖浆
- 1 杯奶油咸花生或杏仁酱
- 2-3 汤匙融化的黑巧克力

指示：

a) 用中高温加热一个大锅。一次加入约 2-3 汤匙苋菜红，并立即盖上盖子。

b) 将花生酱或杏仁酱和枫糖浆加入中等大小的搅拌碗中，搅拌融合。然后加入蛋白粉搅拌。

c) 一次加一点爆苋菜，直到你有一个松散的"面团"质地。用木勺搅拌或用手均匀分散混合。

d)　将混合物转移到烘焙食品中并向下压以形成均匀的层。在顶部铺上羊皮纸或保鲜膜，并使用像液体量杯这样的平底物体向下压并将混合物压成均匀、牢固的层。

e)　转移到冰箱中放置 10-15 分钟或直到摸起来变硬。取出并将其切成九块。

11. 橙色南瓜煎饼

原料：

- 10 克磨碎的亚麻粉
- 45 毫升水
- 235 毫升无糖豆浆
- 15 毫升柠檬汁
- 60 克荞麦粉
- 60 克 通用面粉
- 8 克泡打粉，不含铝
- 2 茶匙精细磨碎的橙皮
- 25 克白奇亚籽
- 120 克有机南瓜泥
- 30 毫升融化并冷却的椰子油
- 5 毫升香草酱
- 30 毫升纯枫糖浆

指示：

a) 将磨碎的亚麻粉与水混合在一个小碗中。静置 10 分钟。将杏仁奶和苹果醋混合在一个中等大小的碗中。静置 5 分钟。

b) 在一个单独的大碗中，混合荞麦粉、通用面粉、发酵粉、橙皮和奇亚籽。

c) 倒入杏仁奶、南瓜泥、椰子油、香草和枫糖浆。

d) 一起搅拌，直到你有一个光滑的面糊。

e) 用中高温加热大型不粘锅。用一些椰子油轻轻地刷煎锅。

f) 将60毫升面糊倒入煎锅中。将煎饼煮 1 分钟，或直到表面出现气泡。

g) 用抹刀轻轻提起煎饼并翻转。

h) 再煮 1.5 分钟。将煎饼滑到盘子上。用剩下的面糊重复。

12. 红薯和水果

原料：

- 1个红薯打顶。
- 60 克有机花生酱。
- 30毫升纯枫糖浆。
- 4 个杏干，切片。
- 30 克新鲜覆盆子。

指示：

a) 将甘薯去皮并切成 ½ 厘米厚的薄片。

b) 将土豆片放入烤面包机中高温烤 5 分钟。烤你的红薯两次。

c) 把红薯片摆在盘子里。

d) 将花生酱涂在红薯片上。

e) 将枫糖浆淋在黄油上。在每片上面放上等量的杏片和覆盆子片。服务。

13. 南瓜酵母煎饼

隔夜海绵：

- ¼ 杯无麸质酵母发酵剂。
- ¼ 杯南瓜泥。
- ½ 杯鹰嘴豆粉（或任何其他无麸质面粉）。
- ½ 杯杏仁奶。
- 1-2 汤匙枫糖浆。

在早晨：

- 1 个亚麻蛋（1 汤匙磨碎的亚麻籽 + 3 汤匙水）。
- 1 茶匙南瓜香料。
- 1 茶匙肉桂。
- ½ 茶匙姜黄。
- ¼ 杯生可可粒（或非日记巧克力片）。
- 一把切片山核桃（可选，但非常建议！）。

- ½ 茶匙小苏打。
- 1茶匙泡打粉。

指示：

制作煎饼的前一天晚上，将隔夜海绵的**成分：**放入非反应性碗中。混合均匀，盖上保鲜膜，静置过夜。

早上，在做煎饼之前，将所有其他成分（泡打粉和小苏打除外）加入隔夜海绵中。搅拌均匀。

a) 用中火加热不粘锅。

b) 将小苏打和泡打粉加入面糊中，小心搅拌。

c) 将 ¼ 杯面糊倒入每个煎饼的平底锅中，煎至煎饼表面出现气泡，边缘变干。

14. 草莓枫烤饼

原料：

- 2 杯燕麦粉。
- ⅓ 杯杏仁奶。
- 1杯草莓。
- 一把干醋栗。
- 5汤匙椰子油。
- 5汤匙枫糖浆。
- 1汤匙泡打粉。
- 1.5 茶匙香草精。
- 1 茶匙肉桂。

指示：

加入椰子油，用糕点刀或叉子将椰子油切碎并混合到燕麦粉混合物中，直到形成易碎的面团。一旦天气变冷，加入草莓片、葡萄干和湿的配料。

a) 慢慢混合干成分和湿成分直至混合 - 注意不要过度混合。

b) 在衬有羊皮纸的烤盘上，用面团做一个圆圈——它必须有 1 英寸厚。切成八块三角形，烘烤 15-17 分钟。享用果酱、蜂蜜或坚果黄油的滋味！

15. 菠菜豆腐炒

酸奶油：

- 75 克生腰果，浸泡一夜，
- 30毫升柠檬汁，
- 5克营养酵母，
- 60 毫升水 1 撮盐，

豆腐炒：

- 15 毫升橄榄油。
- 1 个小洋葱，切丁。
- 1 瓣大蒜，切碎。
- 400 硬豆腐，压制，粉碎。
- ½ 茶匙孜然粉。
- ½ 茶匙咖喱粉。

- ½ 茶匙姜黄。
- 2 个西红柿，切丁。
- 30 克嫩菠菜
- 盐，适量。

指示：

a) 制作腰果酸奶油；冲洗并沥干浸泡过的腰果。

b) 将腰果、柠檬汁、营养酵母、水和盐放入食品加工机中。

c) 高速搅拌 5-6 分钟直至顺滑。

d) 转移到碗里放在一边。炒豆腐；在煎锅中加热橄榄油。

e) 加入洋葱，中火煮 5 分钟。

f) 加入大蒜，搅拌煮 1 分钟。

g) 加入碎豆腐并搅拌以涂上油。

h) 加入孜然、咖喱和姜黄。煮豆腐2分钟。

i) 加入西红柿，煮 2 分钟。

j) 加入菠菜煮，翻炒至完全枯萎，大约 1 分钟。把豆腐炒匀放在盘子里。

k) 淋上酸奶油即可上桌。

16. 隔夜奇异燕麦

原料：

- 470 毫升全脂豆浆。
- 90 克老式燕麦片。
- 40 克奇亚籽。
- 15 毫升纯枫糖浆。
- 25 克压碎的开心果。
- 黑莓果酱

指示：

a) 做燕麦；在一个大碗中，混合豆浆、燕麦、奇亚籽和枫糖浆。

b) 盖上盖子并冷藏过夜。

c) 做果酱；在平底锅中混合黑莓、枫糖浆和水。用中火炖 10 分钟。

d) 加入奇亚籽，将黑莓炖 10 分钟。

e) 熄火并加入柠檬汁搅拌。用叉子将黑莓捣碎，放在一边冷却。

f) 集合;将燕麦片分成四个碗。

g) 每碗黑莓果酱。

h) 上菜前撒上开心果。

17. 苋菜藜麦粥

原料：

- 85 克藜麦。
- 70克苋菜。
- 460 毫升水。
- 115 毫升无糖豆浆。
- ½ 茶匙香草酱。
- 15 克杏仁黄油。
- 30 毫升纯枫糖浆。
- 10 克生南瓜子。
- 10 克石榴籽。

指示：

a) 混合藜麦、苋菜和水。

b) 用中高温煮沸。

c) 关小火，用文火炖谷物，偶尔搅拌 20 分钟。加入牛奶和枫糖浆。

d) 炖6-7分钟。从火上移开，加入香草和杏仁黄油搅拌。

e) 让混合物静置 5 分钟。

f) 把粥分成两碗。

g) 上面撒上南瓜籽和石榴籽。

18. 可可扁豆松饼

原料：

- 195 克煮熟的红扁豆。
- 50 毫升融化的椰子油。
- 45 毫升纯枫糖浆。
- 60 毫升无糖杏仁奶。
- 60 毫升水。
- 60 克生可可粉。
- 120 克全麦面粉。
- 20克花生粉。
- 10 克泡打粉
- 70 克巧克力片。

指示：

a) 将烤箱预热至 200° C/400° F。

b)　将煮熟的红扁豆放入食物搅拌机中。高速搅拌直至光滑。将扁豆泥转移到一个大碗中。加入椰子油、枫糖浆、杏仁奶和水。

c)　在另一个碗中， 搅拌可可粉、全麦面粉、花生粉和泡打粉。

加入液体**成分：**搅拌直至完全混合。

d)　加入巧克力片并搅拌直至混合。

e)　将面糊分成 12 个纸盒。

f)　烤松饼 15 分钟。

19. 蘑菇鹰嘴豆薄饼

原料：

可丽饼：

- 140 克鹰嘴豆粉。
- 30克花生粉。
- 5克营养酵母。
- 5克咖喱粉。
- 350 毫升水。
- 盐，适量。

填充：

- 10 毫升橄榄油。
- 4 个 Portobello 蘑菇帽，切成薄片。
- 1 个洋葱，切成薄片。
- 30 克嫩菠菜。
- 盐和胡椒粉调味。

- 蛋黄酱：

指示：

a) 做蛋黄酱

b) 用手动搅拌器搅拌 30 秒。

c) 将搅拌机设置为最高速度。淋上鳄梨油并搅拌 10 分钟，或直至得到类似蛋黄酱的混合物。

d) 用盐调味并冷藏1小时。

e) 做薄饼；在食品搅拌机中混合鹰嘴豆粉、花生粉、营养酵母、咖喱粉、水和盐调味。

f) 用中高温加热大型不粘锅。在煎锅上喷一些食用油。

g) 将 ¼ 杯面糊倒入煎锅中，并以旋涡运动将面糊分布在整个煎锅底部。

h) 将可丽饼每面煮 1 分钟。将绉纱滑到盘子上并保持温暖。

i) 做馅料；在平底锅中用中高温加热橄榄油。

j) 加入蘑菇和洋葱，煮 6-8 分钟。

k) 加入菠菜，翻炒 1 分钟直至变软。

l) 用盐和胡椒调味，然后转移到一个大碗中。

m)加入准备好的蛋黄酱。

20. 红薯吐司

原料：

- 2个大红薯，切成薄片。
- ¼ 英寸厚的切片。
- 1 汤匙鳄梨油。
- 1 茶匙盐 ½ 杯鳄梨酱。
- ½ 杯西红柿，切片。

指示：

a) 将烤箱预热至 425° F。

b) 用羊皮纸盖住烤盘。

c) 用油和盐擦土豆片，然后将它们放在烤盘上。在烤箱中烘烤 5 分钟，然后翻转并再次烘烤 5 分钟。

d) 在烤好的切片上放上鳄梨酱和西红柿。

零食_

21. 绿色蛋白零食锅

原料：

- 8 盎司毛豆，冷冻。
- 8 盎司豌豆，冷冻。
- 4汤匙芝麻。
- 4 汤匙酱油（低钠）。
- 辣椒酱作为首选，品尝。
- 香菜，可选。

指示：

a) 将冷冻豌豆和毛豆放入微波炉安全碗中。加入少量水并在微波炉中解冻约 30 秒，使其达到室温。

b) 在一个小容器、锅或容器中，将种子与豌豆和豆类一起放入。

c) 食用前将酱油、辣椒和香菜搅拌均匀。享受！

22. 藜麦松饼咬

原料：

- 1.5 杯准备好的藜麦。
- 2个鸡蛋，打散。
- ½ 杯红薯泥。
- ½ 杯黑豆。
- 1汤匙切碎的香菜。
- 1 茶匙孜然。
- 1茶匙辣椒粉。
- ½ 茶匙大蒜粉。
- ½ 茶匙盐。
- ⅛ 茶匙黑胡椒。
- 烹饪喷雾。

指示：

将烤箱预热至 350° F。将所有成分添加到一个大碗中并混合，直到所有成分都融合在一起。

a) 用汤匙将混合物倒入松饼罐中，然后轻拍每个罐头的顶部。烘烤至煮熟并保持约 15-20 分钟。

23. PB 和 J Energy 咬合

原料：

- ½ 杯柔软的咸花生酱。
- ¼ 杯枫糖浆。
- 2汤匙蛋白粉
- 1 ¼ 杯无麸质燕麦片。
- 2.5 汤匙亚麻籽粉。
- 2 汤匙奇亚籽。
- ¼ 杯干果。

指示：

a) 在一个大搅拌碗中加入花生酱、枫糖浆和蛋白粉、燕麦片、亚麻籽粉、奇亚籽和干果（可选）。如果太干/太脆，加入更多花生酱或枫糖浆。

b) 在冰箱中冷藏 5 分钟。舀出 1.5 汤匙的量并滚成球。"面团"必须产生大约 13-14 个球。

c) 立即享用并将密封良好的剩菜在冰箱中存放 1 周或在冰箱中存放约 1 个月。

24. 烤胡萝卜鹰嘴豆泥

原料：

- 1 罐鹰嘴豆，冲洗并沥干。
- 3根胡萝卜。
- 1 瓣大蒜。
- 1茶匙辣椒粉。
- 1 汤匙芝麻酱。
- 1个柠檬汁
- 2汤匙额外的初榨橄榄油。
- 6汤匙水。
- ½ 茶匙孜然粉。
- 加盐调味。

指示：

a)　将烤箱预热至 400° F。将胡萝卜洗净去皮，切成小块，放在烤盘上，撒上少许橄榄油、少许盐和半茶匙辣椒粉。烘烤约 35 分钟，直到胡萝卜变软。

b)　把它们从烤箱里拿出来放凉。

当它们冷却时，准备鹰嘴豆泥：将鹰嘴豆洗净并沥干水分，然后将它们与其他活性成分和程序一起放入食品研磨机中，直到看到混合均匀的混合物。然后加入胡萝卜和大蒜，再次操作！

25. 膨化藜麦棒

原料：

- 3汤匙椰子油。
- ½ 杯生可可粉。
- ⅓ 杯枫糖浆。
- 1汤匙芝麻酱
- 1 茶匙肉桂。
- 1 茶匙香草粉。
- 海盐。

指示：

a) 在一个小平底锅中，用中低火将椰子油、生可可、芝麻酱、肉桂、枫海、糖浆和香草盐一起融化，直到变成更浓稠的巧克力混合物。

b) 把巧克力酱放在爆开的藜麦上，搅拌均匀。将一大汤匙巧克力脆片舀入小烤杯中。

c) 将它们放入冰箱至少 20 分钟以使其变硬。存放在冰箱中，尽情享受吧！

26. 去壳毛豆蘸酱

原料：

- ½ 杯红洋葱片。
- 1 酸橙汁。
- 海盐。
- 一把香菜。
- 西红柿丁（可选）。
- 辣椒片。

指示：

a) 只需将洋葱在搅拌机中搅拌几秒钟即可。然后加入剩余的活性成分并搅拌，直到毛豆混合成大块。

b) 享受涂在吐司上、三明治、蘸酱或香蒜酱的乐趣！

27. 抹茶腰果杯

原料：

- ⅔杯可可脂
- 3/4 杯可可粉
- ⅓杯枫糖浆
- ½ 杯腰果黄油
- 2茶匙抹茶粉
- 海盐

指示：

a) 将 ⅓ 杯水装满一个小平底锅，然后在上面放一个碗，盖住平底锅。碗热后，将碗内的可可脂融化。融化后，熄火，加入枫糖浆和可可粉搅拌几分钟，直到巧克力变稠。

b)　使用中等大小的纸杯蛋糕架，在底层填满一大汤匙巧克力混合物。

c)　冷冻 15 分钟以凝固。

d)　将冷冻巧克力从冰箱中取出，在冷冻巧克力层上撒上 1 汤匙大小的抹茶/腰果黄油面团。

e)　撒上海盐，放入冰箱冷藏 15 分钟。

28. 鹰嘴豆巧克力片

原料：

- 400 克罐头鹰嘴豆，冲洗、沥干
- 250 克杏仁黄油
- 70 毫升 枫糖浆
- 15 毫升香草酱
- 1 小撮盐
- 2克泡打粉
- 2 克小苏打
- 40 克巧克力片

指示：

a) 将烤箱预热至 180° C/350° F。

b) 用椰子油润滑大烤盘。

c) 在食品搅拌机中混合鹰嘴豆、杏仁黄油、枫糖浆、香草、盐、泡打粉和小苏打。

d) 搅拌至光滑。搅拌一半巧克力片，将面糊铺入准备好的烤盘中。

e) 撒上保留的巧克力片。

f) 烘烤 45-50 分钟或直到插入的牙签干净为止。

g) 在金属架上冷却 20 分钟。切片和服务。

29. 甜绿饼干

原料：

- 165 克绿豌豆。
- 80 克切碎的蜜枣。
- 60 克嫩豆腐， 捣碎。
- 100 克杏仁粉。
- 1茶匙泡打粉。
- 12 个杏仁。

指示：

a) 将烤箱预热至 180° C/350° F。

b) 在食品加工机中混合豌豆和枣子。

c) 加工直到形成浓稠的糊状物。

d) 将豌豆混合物倒入碗中。加入豆腐、杏仁粉和泡打粉。将混合物做成 12 个球。

e) 将球放在烤盘上，内衬羊皮纸。用涂油的手掌压平每个球。

f) 在每个饼干中插入杏仁。将饼干烘烤 25-30 分钟或直至呈金黄色。

g) 食用前在金属架上冷却。

30. 蛋白质甜甜圈

原料：

- 85 克椰子粉。
- 110克香草味发芽糙米蛋白粉。
- 25 克杏仁粉。
- 50 克枫糖。
- 30 毫升融化的椰子油。
- 8克泡打粉。
- 115 毫升豆浆。
- ½ 茶匙苹果醋。
- ½ 茶匙香草酱。
- ½ 茶匙肉桂。
- 30毫升有机苹果酱。
- 30 克椰糖粉。
- 10 克肉桂。

指示：

在一个碗里，混合所有的干原料。

a) 在另一个碗中，用苹果酱、椰子油和苹果醋搅拌牛奶。

将湿成分折叠成干成分并搅拌直至完全混合。

b) 将烤箱加热至 180° C/350° F，并在 10 孔甜甜圈盘上涂上油脂。

c) 将准备好的面糊倒入抹了油的甜甜圈盘中。

d) 烤甜甜圈 15-20 分钟。

e) 当甜甜圈还热的时候，撒上椰子糖和肉桂。服务温暖。

31. 蜂蜜芝麻豆腐

原料：

- 12 盎司超硬豆腐，沥干并拍干。
- 油或烹饪喷雾。
- 2 汤匙低钠酱油或酱油。
- 3 瓣大蒜，切碎。
- 1汤匙蜂蜜。
- 1 汤匙磨碎的去皮鲜姜。
- 1 茶匙烤芝麻油。
- 1磅青豆，修剪。
- 2汤匙橄榄油。
- ¼ 茶匙红辣椒片（可选）。
- 粗盐。
- 新磨黑胡椒粉。
- 1 根中等大小的葱，切得很细。

- ¼ 茶匙芝麻。

指示：

a) 静置 10 至 30 分钟。在一个大碗中将酱油或酱油、大蒜、蜂蜜、生姜和芝麻油搅拌均匀；搁置。

b) 将豆腐切成三角形，单层放在准备好的烤盘的一半上。淋上酱油混合物。烘烤至底部呈金黄色，12 至 13 分钟。

c) 翻豆腐。将青豆单层放在烤盘的另一半上。淋上橄榄油，喷上红辣椒片；用盐和胡椒调味。

d) 回到烤箱烘烤，直到豆腐的第二面变成金黄色，再烤 10 到 12 分钟。撒上葱和芝麻，即可食用。

32. 枫山核桃脂肪炸弹棒

使 12

原料：

- 2 杯半山核桃
- 1 杯杏仁粉
- ½ 杯金色亚麻籽粉
- ½ 杯不加糖的椰丝
- ½ 杯椰子油
- ¼ 杯枫糖浆
- ¼ 茶匙液体甜叶菊

指示：

a) 将烤箱预热至 350°F，将鹈鹕切半烘烤 5 分钟。

b) 将山核桃从烤箱中取出，放入塑料袋中。用擀面杖把它们压碎做成块。

在搅拌碗中，将杏仁粉、黄金亚麻籽粉、椰丝和压碎的山核桃混合在一起。

添加椰子油枫糖浆和液体甜叶菊。将所有成分混合在一个大的搅拌碗中，直到形成易碎的面团。

c) 将面团放入砂锅中，然后向下压。

d) 在 350F 的温度下烘烤 15 分钟，或直到侧面呈浅褐色。

e) 用抹刀切成 12 片即可食用。

33. 花椰菜开胃菜

使 8

原料：

- 14盎司 花椰菜小花，切碎
- 3 根中等大小的葱
- 3盎司切碎的白切达干酪
- ½ 杯杏仁粉
- ½ 茶匙 盐
- 3/4 茶匙胡椒粉
- ½ 茶匙红辣椒片
- ½ 茶匙龙蒿，干
- ¼ 茶匙大蒜粉
- 3汤匙橄榄油
- 2 茶匙奇亚籽

指示：

a) 将烤箱预热至 400 华氏度。

b) 在一个塑料袋中，混合花椰菜小花、橄榄油、盐和胡椒粉。用力摇晃直到花椰菜被均匀地覆盖。

c) 将花椰菜小花倒在衬有箔纸的烤盘上。之后烘烤 5 分钟。

d) 将烤花椰菜加入食品加工机中，并脉冲几次以将其打碎。在搅拌碗中，混合所有成分（杏仁粉），直到形成粘稠的混合物。

e) 用花椰菜混合物做肉饼，然后涂上杏仁粉。

f) 在 400°F 下烘烤 15 分钟，或直到外面更脆。

g) 从烤箱中取出，稍稍冷却后再食用！

34. 清潭披萨杯

使2 _

原料：

- 1 盎司全脂奶油芝士
- 1.5 杯全脂牛奶马苏里拉奶酪
- 1个大鸡蛋， 殴打
- 1 杯杏仁粉
- 2汤匙椰子粉
- ⅓杯披萨酱
- ⅓ 杯切碎的切达干酪
- ½包面筋或约 4盎司， 切丁

指示：

a) 将烤箱预热至 400°F。

b) 将奶油芝士和马苏里拉奶酪混合在一个大的微波炉安全碗中，微波炉加热 1 分钟，搅拌几次。

c) 加入打好的鸡蛋和两种面粉，快速搅拌直到形成一个球。用手揉 直至略微粘稠。

d) 把面团分成8份。在两张抹了油的羊皮纸之间放一块，然后用擀面杖擀开。

e) 将每块面团压入抹了油的松饼罐中，形成小面团杯。

f) 烘烤 15 分钟或直至呈金黄色。

g) 从烤箱中取出，撒上比萨酱、切达干酪和面筋。返回烤箱烤五分钟，直到奶酪融化。

h) 从松饼罐中取出即可食用。

35. 烤面筋和蔬菜串烧

做 4 份

原料：

- ⅓杯香醋
- 2汤匙橄榄油
- 1汤匙新鲜牛至
- 2 瓣大蒜，切碎
- ½ 茶匙盐
- ¼ 茶匙现磨黑胡椒粉
- 1 磅面筋，切成 1 英寸的立方体
- 7 盎司小白蘑菇
- 2 个小西葫芦，切成 1 英寸的块
- 1 个中号黄色甜椒，切成方块
- 成熟的圣女果

指示：

a)　准备烤架。

b)　将醋、油、牛至、百里香、大蒜、盐和黑胡椒放入一个中等大小的搅拌碗中。转身涂上面筋、蘑菇、西葫芦、甜椒和西红柿。

c)　在室温下腌制 30 分钟，偶尔翻动。

d)　将面筋和蔬菜以及腌料沥干并放在一边。

e)　将烤肉串与素肉、蘑菇和西红柿组装在一起。

f)　将烤串放在热烤架上，煮约 10 分钟，中途翻转一次。

g)　在上面淋上少量保留的腌料，马上上桌。

36. 藜麦松饼咬

使 4

原料：

- 1.5 杯准备好的藜麦
- 2 个鸡蛋，搅打
- ½ 杯红薯泥
- ½ 杯黑豆
- 1 汤匙切碎的香菜
- 1 茶匙孜然
- 1茶匙辣椒粉
- ½ 茶匙大蒜粉
- ½ 茶匙盐
- ⅛ 茶匙黑胡椒
- 烹饪喷雾

指示：

a)　将烤箱预热至 350 华氏度。

在一个大的搅拌碗中，将所有成分混合并搅拌直至完全混合。

b)　用汤匙将混合物放入松饼罐中，然后轻拍每个松饼罐的顶部。

c)　烘烤 15-20 分钟，或直至煮熟并变硬。

37. PB 和 J Energy 咬合

制作13-14 个球

原料：

- ½ 杯柔软的咸花生酱
- ¼ 杯枫糖浆
- 2汤匙蛋白粉
- 1 ¼ 杯无麸质燕麦片
- 2.5 汤匙亚麻籽粉
- 2 汤匙奇亚籽
- ¼ 杯干果

指示：

a) 在一个大的搅拌盘中混合花生酱、枫糖浆、蛋白粉、燕麦片、亚麻籽粉、奇亚籽和干果。

b) 如果混合物太干或太脆，添加额外的花生酱或枫糖浆。

c)　　在冰箱中冷藏 5 分钟。舀1.5汤匙并滚成球"面团"应该做成大约 13-14 个球。

d)　　立即享用，将剩菜放入密封容器中，在冰箱中保存一周或在冰箱中保存一个月。

38. 烤胡萝卜鹰嘴豆泥

使 2

原料：

- 1 罐鹰嘴豆，冲洗并沥干
- 3根胡萝卜
- 1 瓣大蒜
- 1茶匙辣椒粉
- 1汤匙芝麻酱
- 1个柠檬汁
- 2汤匙额外的初榨橄榄油
- 6汤匙水
- ½ 茶匙孜然粉
- 盐的味道

指示：

a) 将烤箱预热至 400 华氏度。

b) 将胡萝卜洗净去皮，然后切成小块，放入烤盘中，加入橄榄油、少许盐和半茶匙辣椒粉。

c) 烘烤 35 分钟，或直到胡萝卜变软。

d) 将它们从烤箱中取出，放在一边冷却。

e) 在鹰嘴豆泥冷却时准备它们：彻底清洗并沥干鹰嘴豆，然后将它们与其他活性成分一起放入食品研磨机中。加工直到混合均匀。

f) 之后，加入胡萝卜和大蒜并重复上述步骤！

39. 抹茶腰果杯

使 6

原料：

- ⅔杯可可脂，融化
- 3/4 杯可可粉
- ⅓杯枫糖浆
- ½ 杯腰果黄油
- 2茶匙抹茶粉
- 海盐

指示：

a) 在搅拌碗中，融化可可脂，加入枫糖浆和可可粉搅拌。

b) 在一个中等大小的纸杯蛋糕架中，用勺子将一大汤匙巧克力混合物倒入底层。

c) 将纸杯蛋糕架放入冰箱 15 分钟使其凝固。

d)　从冰箱中取出冷冻巧克力层，加入 1 勺巧克力 抹茶/腰果黄油面团在上面。

e)　完成后，将剩余的融化巧克力倒在每一团上，覆盖所有东西。

f)　撒上海盐。

g)　放入冰箱 15 分钟。

40. 蜂蜜芝麻豆腐

使 12

原料：

- 12 盎司硬豆腐，沥干并拍干
- 油或烹饪喷雾
- 2汤匙低钠酱油
- 3 瓣大蒜，切碎
- 1汤匙蜂蜜
- 1 汤匙磨碎的去皮鲜姜
- 1 茶匙烤芝麻油
- 1磅青豆，修剪
- 2汤匙橄榄油
- ¼ 茶匙红辣椒片（可选）
- 粗盐
- 新磨黑胡椒

- 1 个中等大小的葱，切得很细
- ¼ 茶匙芝麻

指示：

a) 在一个大碗里，混合酱油、大蒜、蜂蜜、生姜和芝麻油；放在一边。

b) 将豆腐切成三角形，单层排列在准备好的烤盘的一侧。

c) 将酱油混合物淋在上面。

d) 烘烤 12 到 13 分钟，或直到底部呈金黄色。

e) 把豆腐搬来搬去。

f) 在烤盘的另一半，将青豆单层排列。淋上橄榄油并喷上红辣椒片后，用盐和胡椒调味。

g) 回到烤箱再烤 10 到 12 分钟，或者直到豆腐的另一面变成金黄色。

h) 立即撒上少许葱和芝麻即可上桌。

主菜

41. 香菇芝士汉堡砂锅

做 6 份

原料：

- 1 磅磨碎的面筋
- 4盎司香菇，切片
- ½ 杯杏仁粉
- 3 杯切碎的花椰菜
- 1 汤匙奇亚籽
- ½ 茶匙大蒜粉
- ½ 茶匙洋葱粉
- 2 汤匙低糖
- 番茄酱
- 1 汤匙第戎芥末酱
- 2 汤匙蛋黄酱
- 4 盎司切达干酪

- 盐和胡椒粉调味

指示：

a) 将烤箱预热至 350 华氏度。

在一个大的搅拌碗中，将所有成分和一半的切达干酪混合。

b) 将混合物倒入衬有羊皮纸的 9x9 烤盘中。然后在上面撒上剩下的一半切达干酪。

c) 在最上面的架子上烤 20 分钟。

d) 切片后与额外的浇头一起食用。

42. 烤什锦饭砂锅

做 4 份

原料：

- 10 盎司豆豉
- 2汤匙橄榄油
- 1 个中等黄色洋葱，切碎
- 1 个中等大小的青椒，切碎
- 2 瓣大蒜，切碎
- 1 罐（28 盎司）西红柿丁，不排水
- ½ 杯白米饭
- 1个 ½ 杯蔬菜汤
- 1个 ½ 杯煮熟的或 1 罐（15.5 盎司）深红色芸豆，沥干并冲洗干净

- 1 汤匙切碎的新鲜欧芹
- 1½ 茶匙 Cajun 调味料
- 1茶匙干百里香
- ½ 茶匙盐
- ¼ 茶匙现磨黑胡椒粉

指示：

a) 将烤箱预热至 350 华氏度。

b) 将豆豉放入中等大小的开水中煮 30 分钟。沥干水并拍干。切成 ½ 英寸的立方体。

c) 在大煎锅中用中火加热 1 汤匙油。煮豆豉8 分钟，或直到豆豉两面都变成褐色。将豆豉放入 9 x 13 英寸的烤盘中冷却。

d) 在同一个煎锅中用中火加热剩余的 1 汤匙油。将洋葱、甜椒和大蒜混合在一个搅拌碗中。盖上锅盖煮约 7 分钟，或直到蔬菜变软。

e) 将蔬菜混合物和豆豉一起倒入烤盘中。

f) 加入西红柿、液体、米饭、肉汤、芸豆、欧芹、Cajun 调味料、百里香、盐和黑胡椒。彻底混合，然后盖上盖子并烘烤 1 小时，或直到米饭变软。马上上桌。

43. 茄子豆豉意大利面

做 4 份

原料：

- 8 盎司豆豉
- 1个中号茄子
- 12 个大面食壳
- 1 瓣大蒜，捣碎
- ¼茶匙辣椒粉
- 盐和现磨黑胡椒
- 干燥未调味的面包屑
- 3杯马力拉酱

指示：

a) 将烤箱预热至 450 华氏度。

b) 将豆豉放入中等大小的开水中煮 30 分钟。沥干水，放在一边冷却。

c)　用叉子在茄子上扎孔，在抹了少许油脂的烤盘上烘烤约 45 分钟，直至变软。

d)　将意大利面壳放入一锅沸腾的盐水中煮至有嚼劲，大约 7 分钟，同时烤茄子。沥干水并用冷水冲洗。

e)　将茄子从烤箱中取出，纵向切成两半，沥干所有液体。

f)　将烤箱温度降至 350 华氏度。

g)　在食品加工机中加工大蒜，直到它被细碎。脉冲豆豉，直到它被粗磨。

h)　从茄子壳上刮下茄子果肉，在食品加工机中将其与豆豉和大蒜混合。倒入卡宴，用盐和胡椒调味，搅拌均匀。如果馅料太松，可以加一些面包屑。

i)　在准备好的烤盘中，在底部抹上一层番茄酱。用填充物填充贝壳，直到它们完全填满。

j)　把剩下的酱汁倒在贝壳上和周围，然后把它们放在酱汁上面。

k)　盖上箔纸并烘烤 30 分钟。

l)　揭开盖子，撒上帕尔马干酪，再烤 10 分钟。马上上桌。

44. 豆腐豆酱面

使 4

原料：

- 8 盎司新鲜京式面条
- 1 块 12 盎司硬豆腐
- 3 根大茎白菜和 2 个大葱
- ⅓一杯黑酱油
- 2汤匙黑豆酱
- 2茶匙中国米酒或干雪利酒
- 2茶匙黑米醋
- ¼茶匙盐
- ¼ 茶匙大蒜辣椒酱
- 1茶匙辣椒油
- ¼茶匙芝麻油

- ½杯水
- 2汤匙油炒
- 2 片生姜，切碎
- 2 瓣大蒜，切碎
- ¼ 个红洋葱，切碎

指示：

a) 将面条煮沸，煮至变软。完全排干水。把豆腐切成方块。

b) 将白菜浸入沸水中几秒钟，然后将其完全沥干，将白菜煮半熟。

c) 将黑酱油、黑豆酱、魔芋米酒、黑米醋、盐、蒜蓉辣椒酱、辣椒油、芝麻油和水放入一个大搅拌碗中混合。

d) 在已预热的炒锅或平底锅中加热油。将生姜、大蒜和葱加入加热的油中。翻炒几分钟，直到香味四溢。加入红洋葱并短暂翻炒。推到两边，加入白菜茎。

e) 搅拌叶子，直到白菜呈亮绿色，洋葱变软。

f) 把酱汁放在锅中间煮沸。倒入豆腐。小火煮几分钟，让豆腐吸收酱汁。倒入面条。

g) 结合一切，立即服务。

45. 法式豆腐

做 4 份

原料：

- 1 磅特硬豆腐，沥干并拍干
- 盐
- 1 汤匙加 1 茶匙 Cajun 调味料
- 2汤匙橄榄油
- ¼杯切碎的青椒
- 1 汤匙切碎的芹菜
- 2 汤匙葱末
- 2 瓣大蒜，切碎
- 1 罐（14.5 盎司）西红柿丁，沥干
- 1汤匙酱油
- 1 汤匙切碎的新鲜欧芹

指示：

a)　将豆腐切成½英寸厚的薄片，每面加盐和 1 汤匙 Cajun 调味料调味。

b)　在小平底锅中用中火加热 1 汤匙油。加入芹菜和甜椒。

c)　煮 5 分钟。

d)　加入西红柿、酱油、欧芹和剩余的 1 茶匙 Cajun 香料混合物，以及盐和胡椒粉调味。焖10分钟后捞出。

e)　在大煎锅中用中高温加热剩余的 1 汤匙油。煮豆腐 10 分钟，或直到豆腐两面都变成褐色。加入酱汁后煮5分钟。

f)　马上上桌

46. 巴马干酪西葫芦面条

使 2

原料：

- 2 个中号西葫芦
- 2汤匙黄油
- 3 大瓣大蒜， 切碎
- 3/4 杯 帕尔马干酪
- ¼ 茶匙红辣椒片

指示：

a) 使用蔬菜螺旋器或切丝器将西葫芦切成螺旋状或面条状。把面条放在一边。

b) 用中高温加热大平底锅。融化黄油， 然后加入大蒜。将大蒜煮至香气扑鼻、呈半透明状， 大约需要 30 秒。

c) 加入西葫芦面条，煮至变软，大约 3-5 分钟。

d) 将平底锅从火上移开，加入帕玛森芝士，并加入大量盐和胡椒调味。

e) 加入 chil l i 薄片，然后趁热食用。

47. 藜麦鹰嘴豆佛碗

使 2

原料：

鹰嘴豆：

- 1 杯干鹰嘴豆。
- ½ 茶匙海盐。

藜麦：

- 1 汤匙橄榄油、葡萄籽油或鳄梨油（或椰子油）。
- 1 杯白藜麦（冲洗干净）。
- 1 3/4 杯水。
- 1 健康捏海盐。

羽衣甘蓝：

- 1 大包羽衣甘蓝

芝麻酱：

- ½ 杯芝麻酱。
- ¼ 茶匙海盐。
- ¼ 茶匙大蒜粉。
- ¼ 杯水。

服务：

- 新鲜的柠檬汁。

指示：

a) 要么将鹰嘴豆浸泡在冷水中过夜，要么使用快速浸泡方法：将冲洗过的鹰嘴豆放入一个大锅中，并用 2 英寸深的水覆盖。沥干、冲洗并放回锅中。

b) 要煮浸泡过的鹰嘴豆，请将其放入一个大锅中，并盖上 2 英寸深的水。用大火煮沸，然后转小火，加入盐并搅拌，不盖锅盖煮 40 分钟 - 1 小时 20 分钟。

c) 在 40 分钟标记处取样一颗豆子，看看它们有多嫩。准备好后，将豆子沥干并放在一旁，再撒一点盐。

d) 准备调料，将芝麻酱、海盐和大蒜粉放入一个小搅拌碗中，搅拌均匀。然后一次加一点水，直到它形成可倒的酱汁。

e) 将 ½ 英寸的水加入中等大小的平底锅中，然后用中火慢炖。立即将羽衣甘蓝从火上移开，转移到一个小盘子里上菜。

48. 粘豆腐面条

原料：

- ½ 个大黄瓜。
- 100 毫升大米红酒醋。
- 2 汤匙金细砂糖。
- 100 毫升植物油。
- 公司豆腐200克，切3厘米方块。
- 2 汤匙枫糖浆。
- 4 汤匙棕色或白色味噌酱。
- 30克白芝麻。
- 250 克干荞麦面。
- 2 个小葱，切丝，待用。

指示：

a) 使用削皮器，从黄瓜上切下细丝带，留下种子。把丝带放在碗里放在一边。在平底锅中用中火轻轻加热醋、糖、1/4 茶匙盐和 100 毫升水 3-5 分钟，直到糖液化，然后倒在黄瓜上，在准备豆腐时放在冰箱中腌制。

b) 在一个大的不粘煎锅中用中火加热除 1 汤匙油以外的所有油，直到气泡开始上升到表面。放入豆腐，煎 7-10 分钟。

c) 在一个小碗里，将蜂蜜和味噌混合在一起。把芝麻撒在盘子里。在炸豆腐上刷上粘稠的蜂蜜酱，把剩下的放在一边。将豆腐均匀地裹上种子，撒上少许盐，放在温暖的地方。

d) 准备面条，加入剩余的油、剩余的酱汁和 1 汤匙黄瓜腌制液。煮 3 分钟直到热透。

49. 烤鲭鱼配橙色 Gremolata 酱汁

4人份

原料：

- 4 条鲭鱼片， 带皮
- 橄榄油， 用于烧烤
- 1个小橙汁
- 4 根迷迭香小枝， 切成两半
- 对于橙色 gremolata 酱
- 100毫升橄榄油
- 2 瓣大蒜， 去皮并切碎
- 1 个小橙子的果皮和果汁
- 2汤匙大致切碎的平叶欧芹

- 海盐和现磨黑胡椒

指示：

a) 将烤架预热至中高。在烤盘上铺上箔纸。

要制作橙色的 gremolata 酱，请将所有配料放入碗中，用盐和胡椒调味。搅拌均匀，然后放在一边。

b) 用锋利的刀在鲭鱼鱼片上划出鱼皮，然后将它们放在准备好的烤盘上，鱼皮面朝下。在每块鱼片上淋上橄榄油，加入少许橙汁，然后在上面撒上迷迭香小枝。

c) 将平底锅放在烤架下，将鱼煮 1-2 分钟，然后翻面再煮 4-5 分钟，或直到鱼皮酥脆且鱼肉不透明。

d) 将鱼盛入盘中，用勺子浇上 gremolata 酱汁，然后搭配一大份蔬菜沙拉和大量热面包。

50. 马来西亚鱼和秋葵咖喱

4人份

原料：

- 2汤匙植物油
- 1 个洋葱，去皮并切丁
- 3 瓣大蒜，去皮并切碎
- 3 厘米的新鲜姜根，去皮并磨碎
- 1 根长红辣椒，如果你想要更温和的口味，可以去籽，切碎
- 1茶匙泰国虾酱
- 1 茶匙姜黄粉
- 2 个西红柿，切碎 250 毫升鱼汤
- 400毫升椰浆

- 1片卡菲尔酸橙叶
- 2茶匙柠檬草酱
- 1茶匙椰糖
- 1 汤匙罗望子酱
- 650克安康鱼片
- 200克秋葵
- 2汤匙切碎的香菜

指示：

a) 将一个大的不粘炒锅放在中高火上，然后加入油。热时，加入洋葱并煮 2-3 分钟，或直至洋葱变软。

b) 加入大蒜、生姜和辣椒，煮 2 分钟，然后加入虾酱和姜黄。

c) 搅拌 1 分钟，或直至散发出香味，然后加入西红柿、鱼汤、椰子奶油、酸橙叶、柠檬草酱、棕榈糖和罗望子酱。搅拌均匀，煮沸并炖 10-12 分钟。

d) 同时，将安康鱼切成3-5厘米的块。修剪秋葵并将每个秋葵以一定角度切成两半。

e) 将秋葵放入锅中煮 2 分钟，然后加入安康鱼再煮 5-6 分钟，或直至煮熟。

f) 将平底锅从火上移开，拌入香菜，与印度香米或芳香藏红花抓饭一起盛入碗中。

51. 金枪鱼排配柠檬蒸粗麦粉

服务 2

原料：

- 2 x 200 克金枪鱼排
- 1汤匙橄榄油
- 对于腌制的柠檬蒸粗麦粉
- 100克蒸粗麦粉
- 一撮藏红花
- ½ 个腌制柠檬，切碎
- 150毫升蔬菜高汤
- ¼黄瓜
- 2 汤匙香菜叶
- 2汤匙薄荷叶
- 1 x 400 克鹰嘴豆罐头，沥干并冲洗干净

- 2 汤匙特级初榨橄榄油
- 柠檬汁，品尝
- 海盐和现磨黑胡椒
- 服务
- ½ 茶匙漆树
- 柠檬片

指示：

a) 将蒸粗麦粉放入耐热碗中。使用研杵和研钵，将藏红花研磨成粉末，然后与腌制的柠檬和蔬菜高汤一起放入小平底锅中。煮沸，倒在蒸粗麦粉上。搅拌均匀，用保鲜膜盖住碗，静置 5-10 分钟。

b) 同时，将黄瓜切丁，将香草粗略切碎。

c) 揭开蒸粗麦粉的盖子，用叉子把它弄松。加入黄瓜、香草、鹰嘴豆、特级初榨橄榄油和少许柠檬汁。充分混合并用盐和胡椒调味。搁置。

d) 将一个大的不粘煎锅放在中高火上。在金枪鱼排上淋上橄榄油，并用盐和胡椒调味两面。当锅冒烟时，加入金枪鱼，每面煎 2 分钟。

e) 用勺子把蒸粗麦粉盛到盘子里，然后把金枪鱼放在上面。在每个盘子上撒上漆树，佐以柠檬角和蔬菜沙拉。

52. 茴香、胡萝卜和柠檬烤海鲷

服务 2

原料：

- 1个大胡萝卜
- 2 个小茴香球茎
- 2汤匙橄榄油
- 1 个柠檬的果皮和果汁
- 2 x 120 克海鲷鱼片
- 1茶匙茴香花粉（可选）
- 海盐和现磨黑胡椒

指示：

a) 将烤箱预热至 200°C/180°C 风扇/气体 6。

b) 剪下两张约 35 x 40 厘米的烘焙纸，然后将每一张纵向对折。

c) 将胡萝卜去皮，然后使用曼陀林或蔬菜削皮器切成细丝。修剪茴香，保留任何叶子，然后将球茎细切成丝带。

d) 将蔬菜分成两张烘焙纸，将它们放在折痕的右侧。倒上一汤匙油，然后撒上任何保留的叶子和柠檬皮。

e) 用锋利的刀在鲷鱼皮上划出划痕，然后将鱼片放在蔬菜上，带皮的一面朝上，用盐和胡椒调味。将柠檬汁挤在每片鱼片上，然后撒上茴香花粉（如果使用）。

f) 将烘焙纸折叠在鱼身上，将长边相互折叠起来，将它们密封在一起。扭转末端并将它们塞在下面。将包裹放在烤盘上，然后放在烤箱的最上层烤 8-10 分钟，或直到鱼完全煮熟。

g) 将装在纸袋中的鲷鱼与新土豆和蔬菜沙拉一起上桌。

53. 蒜蓉辣椒虾

服务 2

原料：

- 4汤匙橄榄油
- 6 瓣大蒜，去皮并切碎
- 1 条红辣椒，如果你想要更温和的口味，去籽，切碎
- 一撮辣椒片（可选）
- 600克生虎虾
- 80 毫升曼萨尼拉雪利酒
- 1 茶匙番茄酱
- 200 克圣女果，四分之一
- 25克黄油，切成1厘米的方块

- 2汤匙切碎的平叶欧芹
- 海盐和现磨黑胡椒

指示：

a) 将一个大的不粘煎锅放在中高火上，然后加入油。热时，加入大蒜、辣椒和辣椒片（如果使用），轻轻搅拌 1 分钟。

b) 加入虾，煮至一侧呈粉红色。将每只大虾翻过来，加入雪利酒、番茄酱和圣女果。煮 1-2 分钟，或直到虾全身呈粉红色，然后将虾盛入盘中。继续将锅中的混合物煮 2-3 分钟，直到西红柿变软。

c) 将虾放回锅中，拌入黄油和欧芹，调味。与蔬菜沙拉和一些硬皮面包一起食用，以抹去美味的酱汁。

54. 中式烤鲈鱼

服务 2

原料：

- 4 小白菜，纵向切成两半
- 125 克优质青豆，切碎
- 100 克小玉米，较大的纵向减半
- 2 x 180 克海鲈鱼片，带皮
- 5 厘米新鲜生姜根，去皮切丝
- 2 瓣大蒜，去皮并切成薄片
- 1 根长的红辣椒，如果你想要更温和的口味，去籽，切成薄片

- ½ 茶匙玉米粉
- 2汤匙酱油
- 1汤匙蚝油
- 1汤匙芝麻油，加上额外的服务
- 4汤匙绍兴黄酒
- 一撮白胡椒粉
- 茉莉香米，服务

指示：

a) 将烤箱预热至 220°C/200°C 风扇/气体 7。

b) 剪下两张约 35 x 40 厘米的烘焙纸，然后将每一张纵向对折。将小白菜放在每个折叠的右侧。把豆子放在上面，然后把玉米放在豆子上面。

c) 将每条鲈鱼鱼片从中间切成两半，然后将两半稍微重叠放在蔬菜上。

d) 将生姜、大蒜和辣椒撒在鱼上。

e) 将玉米粉和酱油一起放入碗中，搅拌均匀。加入蚝油、麻油、米酒和白胡椒粉再次混合。用勺子把混合物浇在鱼身上。

f) 将烤纸折叠在鱼身上，然后将它们相互折叠起来，将边缘密封在一起。扭转末端并将它们塞在下面。将包裹放在烤盘上，然后放在烤箱的最上层烤架上烤 15 分钟。

g) 将包裹放在两个盘子上，打开它们并淋上少许芝麻油，然后与茉莉香米一起食用。

55. 盐和粉红胡椒虾配青柠蛋黄酱

4人份

原料：

- 1汤匙粉红胡椒粒
- ½ 茶匙海盐
- 2 个酸橙的果皮和果汁
- 3汤匙橄榄油
- 500 克生的去皮大虾
- 1汤匙大致切碎的香菜
- 酸橙蛋黄酱
- 100克蛋黄酱
- 1 酸橙汁

指示：

a) 使用研杵和研钵，将胡椒粒和盐研磨成粗粉。

b) 将酸橙皮和果汁放入一个大碗中，然后加入橄榄油和粉红胡椒混合物搅拌。

c) 加入虾，用干净的手轻轻翻动，直到它们被涂好。

d) 将蛋黄酱和酸橙汁混合在一个小碗中。

e) 将一个大的不粘煎锅放在中高火上，当非常热时，加入虾。煮 2-3 分钟，定期搅拌，直到所有的虾都变成粉红色并煮熟。

f) 将大虾倒在盘子里，撒上香菜，立即与酸橙蛋黄酱和一大份蔬菜沙拉一起上桌。

56. 烤无须鳕配藏红花蛋黄酱

4人份

原料：

- 300克嫩茎西兰花
- 4 x 200 克无须鳕鱼片，去皮并去骨
- 1汤匙百里香叶
- 2 汤匙特级初榨橄榄油
- ½ 橙子皮和果汁
- 1 个柠檬，切成楔形
- 藏红花蛋黄酱
- 一撮藏红花
- 1汤匙开水
- 2个蛋黄

- 2个小蒜瓣，去皮压碎
- 1汤匙第戎芥末
- 80毫升橄榄油
- 80毫升植物油
- 柠檬汁，品尝
- 海盐和现磨黑胡椒

指示：

a) 将烤箱预热至 200°C/180°C 风扇/气体 6。

b) 用研杵和研钵将藏红花研磨成粉末，然后加入沸水静置。

c) 将西兰花放入一个大烤盘中，将无须鳕鱼片放在上面，带皮的一面朝下。撒上百里香、盐和胡椒，然后淋上橄榄油。在每片无须鳕中加入少许橙皮。

d) 将托盘放入烤箱的高架上烤 10-15 分钟，或者直到鱼煮熟并且西兰花稍微烧焦。

e) 同时，制作蛋黄酱。将蛋黄、大蒜和芥末放入碗中。搅拌均匀，然后将两种油以柔和的水流倒入碗中，同时不断搅拌。加入藏红花水和少许盐和胡椒粉，再次搅拌。加入柠檬汁调味。

f) 从烤箱中取出鳕鱼，挤上橙汁。静置 2-3 分钟，然后在每个盘子上放上一大块藏红花蛋黄酱和一个柠檬角。

57. 藏红花鸡肉面包配薄荷酸奶

服务 2

原料：

- 一撮藏红花
- 1汤匙开水
- 500 克去骨去皮鸡大腿
- 2 瓣大蒜，去皮并压碎
- 1茶匙百里香叶
- 1个柠檬皮
- 4汤匙希腊酸奶
- 1 个红洋葱，去皮并切成 8 块
- 2个大饼
- 2大把混合沙拉叶
- 140 克圣女果，减半

- 2 汤匙香脆炸洋葱（超市有售），**上桌（可选）**
- 对于薄荷酸奶
- 150克希腊酸奶
- 一小把薄荷叶，切碎
- 柠檬汁，品尝

指示：

a) 将 4 根竹签浸泡在水中至少 30 分钟。将烤箱预热至 240°C/220°C 风扇/气体 9。

b) 用研杵和研钵将藏红花研磨成粉末，然后盖上沸水静置。

c) 将鸡肉切成 5 厘米的块，与大蒜、百里香、柠檬皮和酸奶一起放入碗中。用盐和胡椒调味，加入藏红花水拌匀。

d) 将鸡块穿在串上，将它们与红洋葱交替。放在不粘烤盘上，放在烤箱高架上烤12分钟。

e) 同时，制作薄荷酸奶。将酸奶与薄荷混合，加入柠檬汁调味，加入少许盐和胡椒调味。放在一边直到需要。

f) 将扁面包放在烤盘上，然后放入烤箱底部加热几分钟。

g) 预热烤架。当鸡肉煮了 12 分钟后，将其放在烤架下，再煮 3-4 分钟，直到变成金黄色并煮熟。

h) 把扁面包放在盘子里，在中间涂上一些薄荷酸奶。在每片沙拉叶中加入一把沙拉叶，然后将西红柿分开。将煮熟的串串放在上面，撒上炸洋葱即可食用。

58. 摩洛哥烤鸡

4人份

原料：

- 200克小胡萝卜
- 2 个红洋葱，去皮，每个切成 8 个楔子
- 2汤匙橄榄油
- 2 汤匙 ras-el-hanout
- 200毫升鸡汤
- 150克蒸粗麦粉
- 4 块鸡胸肉，带皮
- 2个西葫芦
- 1 x 400 克鹰嘴豆罐头，沥干并冲洗干净
- 50毫升水

- 4 汤匙切碎的香菜
- 柠檬汁，品尝
- 15 克去核开心果，大致切碎
- 海盐和现磨黑胡椒
- 玫瑰花瓣，服务（可选）

将烤箱预热至 220°C/200°C 风扇/气体 7。

指示：

a) 清洗小胡萝卜，将较大的胡萝卜纵向切成两半。将洋葱放入一个大烤盘中。淋上 1 汤匙橄榄油，撒上 1 汤匙 ras-el-hanout，直至均匀涂抹。放入烤箱烤10分钟。

b) 将鸡汤倒入小锅中，置中高火上煮沸。将蒸粗麦粉放入碗中，加入少许盐和胡椒粉。把热汤倒在上面，盖上保鲜膜，放在一边吸收液体。

c) 用锋利的刀在鸡皮上划痕，然后用盐和胡椒调味，撒上超过 ½ 汤匙的 ras-el-hanout。

d) 将每个西葫芦纵向切成四等分，然后切成 5 厘米长，然后撒上剩余的 ½ 汤匙 ras-el-hanout。从烤箱中取出托盘，加入西葫芦和鹰嘴豆。将鸡胸肉放在上面，淋上剩余的一汤匙橄榄油。将水加到锅底，然后放回高架子上的烤箱中烘烤 15 分钟。

e) 与此同时，揭开蒸粗麦粉的盖子，用叉子把它弄松。拌入香菜，然后加入柠檬汁、盐和胡椒调味。

f) 从烤箱中取出烤盘，撒上开心果和玫瑰花瓣（如果使用）。端上餐桌，直接从托盘上取下。

59. 布法罗鸡肉和蓝纹奶酪酱

服务 2

原料：

- 8 条迷你鸡肉片
- 300毫升酪乳
- 1½ 茶匙大蒜颗粒
- 1½ 茶匙洋葱粉
- 1 茶匙干百里香 ½ 茶匙辣椒粉
- 植物油，用于煎炸
- 150克普通面粉
- 80毫升红热鸡翅酱

- 海盐和现磨黑胡椒
- 对于敷料
- 50克希腊酸奶
- 50克酸奶油
- 1汤匙蛋黄酱
- 35 克蓝纹奶酪，弄碎
- 挤柠檬汁
- 2 滴伍斯特沙司
- 服务
- 芹菜条
- 小宝石生菜叶

指示：

a) 将烤箱预热至 140°C/120°C 风扇/气体 1。

b) 将鸡肉放入盛有酪乳、大蒜粒、洋葱粉、百里香、辣椒粉和少许盐和胡椒粉的碗中。拌匀。

c) 在大平底锅中加热三分之一深度的油至 190°C，或直到一块面包在 25 秒内变成褐色。

同时，将所有调味料混合在一起。调味。

d) 将面粉放入浅碗中，加入少许盐和胡椒粉拌匀。从腌料中取出一个小鱼片，尽可能多地保留酪乳，然后涂上面粉。转移到盘子上，同时用另外 3 个鱼片重复此步骤。

e) 油达到一定温度后，小心加入涂有涂层的鱼片，煮 4-5 分钟，或直至呈深金黄色并煮透。用厨房纸吸干水分，然后转移到烤盘上，放入烤箱保温。

f) 在将油恢复到一定温度的同时，在剩余的鸡柳上撒上面粉。当它足够热时，小心地加入鱼片并煮 4-5 分钟。用厨房纸吸干水分，然后用其他鱼片保暖。

g) 将红热鸡翅酱和蓝纹奶酪酱倒入碗中，与鸡肉、芹菜条和生菜一起上桌。

60. 野蒜火鸡基辅

服务 2

原料：

- 100克黄油，软化
- 2汤匙切碎的龙蒿
- ½ 柠檬皮
- 2个小蒜瓣，去皮压碎
- 一大把野蒜，切碎
- 1个鸡蛋
- 50克普通面粉
- 50毫升牛奶
- 75克panko面包屑
- 1 汤匙切碎的平叶欧芹或莳萝
- 4 x 100 克火鸡排
- 150 克优质青豆，切碎

- 植物油，用于煎炸
- 海盐和现磨黑胡椒

指示：

a) 将黄油、龙蒿、柠檬皮、大蒜和野蒜放入小型食品加工机中。用少许盐和胡椒调味，搅拌均匀。

b) 将鸡蛋、面粉和牛奶放入浅碗中，搅拌成面糊。

c) 在第二个浅碗中将 panko 面包屑与欧芹混合。

d) 将 2 片肉排放在一张保鲜膜上，使它们稍微重叠。用擀面杖轻轻敲打它们，使它们连接在一起，使肉的厚度均匀。

e) 将一半的野蒜黄油放在一半加入的牛排上，在它周围留出 1.5 厘米的边框。在边缘涂上一点面糊，然后将肉排折叠在大蒜黄油上并向下压以密封。对剩余的肉排重复步骤 4 和 5。

f) 将每个 Kiev 浸入面糊中，确保它们被均匀涂抹，然后覆盖在 panko 面包屑中。将它们放入冰箱 5 分钟。

g) 同时，将青豆放入加盐的沸水中煮至变软。排干并保持温暖直到需要。

h) 将炒锅放在中高火上，加入 2 厘米深的油。热的时候，小心地将每个基辅放入油中，每面煎 3-4 分钟，或直至呈深金黄色并煮熟。用厨房纸吸干水分，立即与青豆一起食用。

61. 中式姜蒜鸡饭

4人份

原料：

- 4 块鸡胸肉，带皮
- 4 厘米新鲜姜根，去皮切丝
- 6 个葱——4 个修剪并切成两半； 2、只取绿色部分，切细，待用
- 500毫升鸡汤
- 2汤匙绍兴黄酒
- 1 汤匙生抽 海盐
- 大蒜饭
- 260克茉莉香米
- 1汤匙植物油

- 1汤匙芝麻油
- 3 个大蒜瓣，去皮并切碎
- 500 毫升鸡汤 一撮白胡椒粉

指示：

a) 将烤箱预热至 200°C/180°C 风扇/气体 6。

b) 从鸡胸肉上取下皮肤，用锋利的刀刮掉多余的脂肪。用盐调味皮肤的两面，然后放在烤盘上。将另一个烤盘放在上面以保持表皮平整，然后放入烤箱烘烤 12-15 分钟，或直至表皮金黄酥脆。放在一边冷却。

c) 将鸡胸肉、姜、小葱切半和500毫升鸡汤放入锅中，以旺火煮滚。

d) 同时，将香米洗三遍，沥干水分。在平底锅中加热植物油和芝麻油，然后加入大蒜，煮 2 分钟。加入米饭、500 毫升鸡汤和胡椒粉，煮沸。盖上锅盖，将火调小，用文火炖 5-8 分钟，或直到米饭煮熟。

e) 鸡锅沸腾后，将火调小，文火慢炖 5 分钟。把鸡肉从锅里拿出来放在一边休息。丢弃葱，然后迅速将高汤煮沸。加入绍兴酒和酱油，再煮5分钟。

f) 将米饭盛入碗中，然后将鸡肉切片并放在上面。用勺子舀上高汤，用葱叶装饰。在每个碗上撒上一块鸡皮即可食用。

62. 脆皮鸡大腿配 Romesco 酱

服务 2

原料：

- 4 只鸡大腿， 带骨带皮
- 2汤匙橄榄油
- 100 克卡沃罗尼禄
- 1汤匙水
- 120 克帕德龙辣椒
- 海盐和现磨黑胡椒
- 对于酱
- 150 克烤辣椒， 从一个罐子里
- 1 瓣大蒜， 去皮并压碎
- 20 克烤杏仁

- 1 汤匙雪利酒醋
- ¼ 茶匙甜烟熏辣椒粉
- 20克酵母面包，去壳
- 40毫升特级初榨橄榄油

指示：

a) 将烤箱预热至 200°C/180°C 风扇/气体 6。

b) 用盐和胡椒调味鸡大腿。将一个大的耐热煎锅放在高温下。热时，加入 1 汤匙橄榄油，将鸡大腿带皮的一面朝下。将火调至中火，将鸡肉煮 8 分钟。

c) 一旦鸡皮呈金黄色且酥脆，将大腿翻过来，加入 cavolo nero 和水。用少许盐和胡椒调味，然后将整个平底锅放入烤箱烘烤 8 分钟。

同时，将所有 romesco 酱料放入小型食品加工机中，加入少许盐和胡椒粉，搅拌至顺滑。

d) 将一个小煎锅放在高温下。非常热时，加入剩余的一汤匙橄榄油、帕德龙辣椒和少许盐。煮 4-5 分钟，或直到辣椒的表皮起泡变软。

e) 把鸡肉从锅里拿出来放在一边休息。将 cavolo nero 混合到锅汁中，与鸡肉、Padrón 辣椒和一大勺 romesco 酱一起食用。

63. 泰式辣椒罗勒鸡

4人份

原料：

- 350克茉莉香米
- 600毫升水
- 3 块去皮、去骨的鸡胸肉， 切成薄片
- 5 瓣大蒜， 去皮并切碎
- 4 个泰国鸟眼辣椒， 切成薄片
- 1 个洋葱， 去皮并切成厚片
- 150 克嫩茎西兰花， 切成 5 厘米长
- 150 克优质青豆， 切碎并切半
- 大约 4 汤匙植物油
- 2汤匙蚝油

- 1汤匙酱油
- 80毫升鸡汤
- 2汤匙鱼露
- 1 汤匙细砂糖
- 1汤匙玉米粉
- 1汤匙水
- 一大把泰国罗勒叶
- 一小把普通罗勒叶
- 海盐和白胡椒粉

指示：

a) 将米洗三遍，直到水变清澈为止，然后将大米放入盛有适量水和少许盐的平底锅中。煮沸，然后将火调至小火，盖上锅盖。再煮 10-12 分钟，或直到液体消失且米饭煮熟。

b) 与此同时，准备肉和所有的蔬菜来炒。用盐和白胡椒给鸡肉调味。

c) 将炒锅放在高温下，直到冒烟。加入 1 汤匙植物油，将四分之一的鸡肉翻炒 1 分钟，或直至其略微变成褐色。迅速将炒锅从火上移开，然后将鸡肉转移到盘子里。把锅放回火上，用同样的方法煮剩下的鸡肉，必要时加入更多的油。

d) 将蚝油、酱油、鸡汤、鱼露和糖混合在一个小碗里。在另一个碗中，将玉米粉与水混合。

e) 把锅放回火上，根据需要加入更多的油，然后将大蒜和一半的辣椒炒 1 分钟。

f) 加入洋葱，翻炒 2 分钟。加入西兰花和青豆，煮 2 分钟，如果它们开始粘在一起，就加一点水。

g) 将鸡肉放回锅中，再煮 2-3 分钟。

h) 将牡蛎和酱油混合物加入锅中，然后加入玉米粉糊和泰国罗勒叶，再煮 1 分钟。

i) 将米饭舀入碗中翻炒，上菜前撒上剩余的辣椒和罗勒叶。

64. 鸡肉拉面

服务 2

原料：

- 2个蛋
- 2汤匙植物油
- 2 块鸡胸肉， 带皮
- 100克拉面
- 2大把嫩菠菜
- 2大把豆芽
- 1 升鸡汤
- 1 汤匙白味噌酱
- 2茶匙鱼汤粉

- 2汤匙酱油
- 3 瓣大蒜，去皮并切成薄片
- 4 厘米新鲜姜根，去皮切丝
- 2汤匙清酒（日本米酒）
- 1 根长的红辣椒，如果你想要更温和的口味，可以去籽，切成一定角度
- 2 个葱，修剪并切成一定角度
- 1 茶匙 furikake 调味料
- 海盐和白胡椒粉
- 芝麻油，服务

指示：

a) 将一壶水烧开，倒入平底锅中，用大火烧开。轻轻地将鸡蛋放入其中，煮 5-6 分钟，使蛋黄略微流淌。

b) 同时，将植物油放入不粘锅中，用大火加热。用盐和少许白胡椒调味鸡胸肉，然后放入锅中，带皮的一面朝下。一边用中火煮 4-5 分钟。

c) 用有槽的勺子，将鸡蛋转移到一碗冷水中以阻止它们煮熟。

d) 在平底锅中的水中加入一些盐，然后重新煮沸。加入面条，煮 3-4 分钟，或直到面条变软。沥干水分并分成两个碗。在每个碗中加入一把嫩菠菜和一把豆芽。

e) 小心地将鸡蛋剥皮，纵向切成两半。

f) 将鸡汤倒入平底锅中，加入味噌酱、高汤粉和酱油，然后将平底锅置于中火上。

g) 将鸡胸肉翻过来，将大蒜和姜放入锅中。再煮 2-3 分钟，经常搅拌大蒜和生姜。加入清酒再煮 2 分钟。

h) 鸡肉煮熟后，将其从锅中取出休息。将锅汁连同大蒜和生姜一起加入鸡汤中，搅拌均匀。

i) 将鸡肉切片，放在面条上。用勺子浇在高汤上，用辣椒、小葱、微香草和香松调味料装饰。将切半的鸡蛋放入碗中，淋上少许麻油即可食用。

65. 白菜香煎鸭胸肉

4人份

原料：

- 4个鸭胸
- 4 白菜，减半
- 250毫升橙汁
- 50毫升酱油
- 2 厘米的新鲜姜根，去皮并磨碎
- 50克黄油
- 50克流蜜
- 1汤匙黑白芝麻
- 海盐和现磨黑胡椒

● 煮熟的米饭，服务

指示：

a) 将烤箱预热至 200°C/180°C 风扇/Gas 6，然后在里面放一个烤盘加热。

b) 用一把非常锋利的刀，在鸭胸皮上沿对角线划线，首先是一个方向，然后是另一个方向，这样你就有了一个菱形图案。用盐和胡椒调味。

c) 将鸭胸肉，带皮的一面朝下，放入不粘、耐热的煎锅中。将平底锅放在中高火上煮 7 分钟，或直到脂肪变软并且外皮酥脆呈金黄色。

d) 将鸭胸翻过来，将煎锅放入烤箱烤 3-4 分钟。将鸭子转移到一个温暖的盘子里，静置 2-3 分钟。

e) 同时，将煎锅放回炉灶，加入切半的白菜。煮 2 分钟，或直到开始变色，然后加入橙汁、酱油、生姜和黄油，用文火慢炖。加入蜂蜜，搅拌成浓稠的酱汁。

f) 服侍时，将鸭子斜切成薄片，与白菜和一些米饭一起装盘。上桌前淋上酱汁，撒上芝麻。

66. 培根卷珍珠鸡配胡萝卜

服务 2

原料：

- 12片薄薄的培根
- 2 去皮珍珠鸡胸肉
- 1 汤匙淡橄榄油
- 1 根香蕉葱，去皮并切碎
- 1 茶匙全麦芥末
- 1茶匙第戎芥末
- 1茶匙百里香叶
- 50毫升干白葡萄酒
- 150毫升鸡汤

- 125ml 双层奶油
- 对于釉面胡萝卜
- 300 克香特奈胡萝卜
- 40克黄油
- 250毫升鸡汤
- 1茶匙蜂蜜
- 1 汤匙切碎的平叶欧芹
- 海盐和现磨黑胡椒

指示：

a) 将烤箱预热至 220°C/200°C 风扇/气体 7。

b) 将胡萝卜洗净，放入装有黄油、鸡汤和蜂蜜的大煎锅中。加入少许盐和胡椒粉，然后放在高温下。煮沸，然后将火调至小火慢炖约 15 分钟，偶尔搅拌，直到胡萝卜变软。

c) 同时，将 6 片意大利烟肉放在砧板上，稍微重叠。给珍珠鸡胸肉调味，然后将其中一个放在培根中间。将薄饼包起来，然后用第二个重复此步骤。

d) 将不粘锅放在高温下。热时，加入油，然后加入珍珠鸡胸肉，每面煎 2-3 分钟，或直到烟肉变成金黄色。转移到一个小烤盘上，放入烤箱烤 5 分钟。

e) 将煎锅重新加热，加入红葱头煮 2 分钟，或直至变软。加入芥末和百里香叶，然后加入葡萄酒，用高温将其减半。加入高汤和奶油，用少许盐和胡椒调味，然后收汁直至酱汁变稠。

f) 将珍珠鸡从烤箱中取出，保温并静置 10 分钟。

g) 检查胡萝卜——它们应该煮熟了，酱汁应该已经变成釉状了。加入欧芹，将锅从火上移开。

h) 将珍珠鸡胸肉与釉面胡萝卜一起上桌，用勺子将酱汁浇在上面或放在小配菜中。

汤品

67. 花椰菜汤配奶酪吐司

4人份

原料：

- 2汤匙橄榄油
- 20克黄油
- 1 个洋葱， 去皮并切碎
- 2 瓣大蒜， 去皮切片
- 一小把鼠尾草叶
- 1 x 800 克花椰菜
- 500 毫升鸡肉或蔬菜高汤
- 200毫升全脂牛奶
- 200毫升双层奶油

- 海盐和现磨胡椒粉
- 对于棕色黄油
- 40克黄油
- 1汤匙松露油
- 一把鼠尾草叶
- 对于俗气的吐司
- 4 片长棍面包，沿对角线切得很细
- 120 克磨碎的奶酪混合物（马苏里拉奶酪、切达干酪、蓝奶酪和格鲁耶尔奶酪，或者冰箱里任何东西的组合）

指示：

a) 预热烤架。

b) 将一个大平底锅放在中火上，加入油和黄油。黄油融化后，加入洋葱和大蒜，煮 5 分钟。加入鼠尾草叶，再煮一分钟。

c) 同时，通过去除叶子并分离小花来准备花椰菜。大致将它们切成大小相同的小块。

d) 将切碎的花椰菜和高汤加入锅中。用盐和胡椒调味，煮沸后文火煮 5 分钟。加入牛奶和奶油，再炖 8 分钟。

e) 同时，制作棕色黄油。将黄油放入一个小平底锅中，然后用高温加热。当它开始变成褐色时，将平底锅从火上移开并加入松露油和鼠尾草叶。充分搅拌并冷却。

f) 现在敬酒。将法式长棍面包片放在烤盘上烤 2-3 分钟，或直到一侧略呈金黄色。把每一片都翻过来，然后撒上大量的磨碎的奶酪。在烤架下再烤 4 分钟，或直到奶酪融化并呈金黄色。

g) 花椰菜煮熟后，用棒式搅拌机将混合物搅拌至光滑。检查调味料并根据需要进行调整。将汤舀入碗中，用勺子浇在棕色黄油和鼠尾草叶上。与旁边的俗气吐司一起食用。

68. 鸡肉香菇汤面

4人份

原料：

- 1.5 升鸡汤
- 4 只鸡大腿，带皮
- 12个干香菇
- 2-3 厘米的新鲜姜根，去皮切丝
- 1 个八角
- 2 个葱，修剪并切成两半
- 100毫升绍兴黄酒
- 180克鸡蛋面
- 2汤匙酱油
- 200克菜心

- 海盐和白胡椒粉
- 服务
- 80克竹笋
- 亚洲微草药或香菜叶
- 2茶匙芝麻油

指示：

a) 将平底锅放在高温下。倒入鸡汤，然后加入鸡大腿和蘑菇。

b) 将生姜连同八角、葱和米酒一起放入锅中。用一大撮海盐和一小撮白胡椒调味。

c) 将汤煮沸，撇去任何可能浮到表面的杂质。煮沸后，将火调至小火慢炖 10 分钟。

d) 同时，将一壶水烧开。倒入干净的平底锅中，用高温加热并加盐调味。加入面条，煮 3-4 分钟，或直到面条变软。把面条沥干，放在冷水下冷却。再次排干并放在一侧直到需要。

e) 从肉汤中取出鸡大腿，用锋利的刀尖刺穿最厚的部分，检查它是否煮熟；果汁应该清澈无粉红色。如果煮熟，将所有鸡块和蘑菇从肉汤中取出并放在一边。

f) 用漏勺从肉汤中取出八角、生姜和葱，然后重新加热。加入酱油调味。

g) 将菜心大致切成7厘米长，并将茎与叶状部分分开。将茎加入平底锅中，煮 2 分钟。

h) 从鸡大腿上取下皮肤并将肉切碎，丢弃骨头。

i) 将菜心加入肉汤中，然后关火。

j) 将面条分成四个碗，在上面放上香菇、鸡肉和菜心，然后用勺子浇在肉汤上。

k) 用竹笋和微香草装饰，淋上少许芝麻油。

69. 核桃碎芹菜苹果汤

服务 4–6

原料：

- 1 个洋葱，去皮并切碎
- 1 根芹菜（600-800 克），去皮切丁
- 2 个考克斯苹果，去皮、去核并粗略切碎
- 2汤匙橄榄油
- 1汤匙百里香叶
- 1 升蔬菜高汤
- 海盐和现磨的黑胡椒或白胡椒
- 服务
- 一大把核桃，大致切碎
- 特级初榨橄榄油，用于毛毛雨

指示：

a) 按照所列准备洋葱、块根芹和苹果。

b) 将一个大平底锅放在中火上，加入橄榄油。热的时候，加入洋葱和少许盐，煮 4-5 分钟，或直到洋葱变软但没有颜色。

c) 加入块根芹、苹果和百里香叶，煮 5 分钟。

d) 倒入蔬菜高汤，用文火炖。继续炖 5 分钟，或直到块根芹变软。

e) 将平底锅从火上移开，并使用棒式搅拌器彻底搅拌。用盐和胡椒调味，然后根据需要品尝并添加更多调味料。

f) 盛入温热的碗中，撒上切碎的核桃，上桌前淋上一些特级初榨橄榄油。

70. 五香南瓜扁豆汤

4人份

原料：

- 1汤匙淡橄榄油
- 40克黄油
- 1 个洋葱，去皮切丁
- 1 茶匙孜然种子
- 4 瓣大蒜，去皮
- 5 厘米的新鲜姜根，去皮
- 2 条红辣椒，如果你想要更温和的口味，可以去籽
- 1 茶匙淡咖喱粉 1 千克胡桃南瓜
- 1.2 升鸡肉或蔬菜高汤
- 250克红扁豆

- 250毫升椰浆
- 海盐和现磨黑胡椒
- 配菜
- 2汤匙淡橄榄油
- 1 茶匙孜然种子
- 一大把新鲜咖喱叶
- ½ 茶匙淡咖喱粉
- 1 条红辣椒，如果你想要更温和的口味，去籽，切成薄片

指示：

a) 在大平底锅中用中火加热油和黄油。黄油融化后，加入洋葱和孜然籽，煮 2-3 分钟。

b) 同时，将大蒜、生姜和辣椒放入小型食品加工机中，搅拌成糊状。将其与咖喱粉一起加入锅中，再煮 2-3 分钟。

c) 准备南瓜，用勺子剥去皮并去除所有种子。将果肉切成 1 厘米的方块，与高汤一起放入锅中。将热量增加到高温并煮沸。

d) 加入小扁豆，煮 10 分钟。

e) 将椰子奶油放入一个小碗中，搅拌至光滑。保留 6 汤匙作为装饰，其余的放入锅中。用大火煮，直到南瓜变软，小扁豆煮熟。

f) 在煮汤的同时，在小煎锅中加热装饰用油。热时，加入孜然籽、咖喱叶和咖喱粉。搅拌均匀，然后将锅从火上移开。

g) 使用棒式搅拌机，将汤搅拌至光滑，然后用盐和胡椒调味，然后舀入单独的碗中。淋在保留的椰子奶油和咖喱油上。上菜前撒上几片红辣椒。

面食和谷物

71. 黑胡椒起司配巴马干酪薯片

服务 2

原料：

- 60 克帕玛森芝士，精细磨碎
- 200克布卡蒂尼
- 1½ 茶匙黑胡椒粒
- 100克黄油
- 20 克佩克立诺奶酪，精细磨碎
- 海盐

指示：

a) 将烤箱预热至 200°C/180°C 风扇/燃气 6. 在烤盘上铺上烤纸。

b) 制作薯片时，取一半帕尔马干酪，将其分成四等份放在准备好的托盘上。放在烤箱的高架上烤 10-12 分钟，或直到帕尔马干酪变成金黄色。搁置。

c) 将一壶水烧开。用它半装满平底锅，加盐调味，然后重新煮沸。（重要的是加入足够的水来覆盖意大利面，这样水就会变得尽可能含淀粉。）加入意大利面，搅拌均匀并煮 10 分钟，或直到变硬。

d) 同时，在干煎锅中将胡椒粒烤至芳香。使用研杵和研钵将它们粗磨。

e) 将一个大炒锅放在中火上，将黄油融化。加入胡椒粉，让黄油起泡，然后加入一勺意大利面水，煮沸。旋转平底锅或搅拌内容物以乳化酱汁。

f) 用钳子将意大利面从水中取出，然后用第二勺水和剩余的帕尔马干酪将其放入炒锅中。充分搅拌以覆盖，如果需要，添加更多意大利面水。

g) 加入山核桃和盐，将平底锅翻动混合。

h) 装在碗里，上面撒上碎巴马干酪薯片。

72. 番茄、马斯卡彭奶酪和意式薄饼意大利通心粉

4人份

原料：

- 3汤匙橄榄油
- 250 克切丁薄饼或烟熏培根
- 1 个大洋葱，去皮并切丁
- 3 瓣大蒜，去皮并切碎
- 1茶匙意大利调味料
- 100 克晒红番茄，切碎
- 1 x 400 克罐装切碎的西红柿
- 200毫升鸡汤
- 200克马斯卡彭奶酪
- 400克通心粉

- 20 克帕玛森芝士，精细磨碎，另加备用
- 一小把罗勒叶，大致切碎
- 海盐和现磨黑胡椒

指示：

a) 将一个大炒锅放在中高火上，然后加入油。热时，加入意大利薄饼，煮 3-4 分钟，或直至变脆变金黄。从平底锅中取出一大勺，用厨房纸吸干水分，然后放在一边作为装饰。

b) 将洋葱加入锅中煮至软化，然后加入大蒜并煮 2 分钟。

c) 加入意大利调味料、大量西红柿、鸡汤和马斯卡彭奶酪。用文火慢炖 10 分钟，或直到稍微变稠。

d) 同时，将一壶水烧开。倒入平底锅，加盐调味，然后再次煮沸。加入意大利面，然后搅拌并煮 10 分钟，或直至变硬。沥干意大利面，保留水。

e) 将意大利面加入酱汁中，搅拌均匀。如果需要，加入一勺意大利面水。调味，然后加入巴马干酪和罗勒，再次搅拌。

f) 盛在温暖的碗里，撒上保留的培根和一点巴马干酪。

73. Linguine Vongole 配 Nduja 和樱桃番茄

4人份

原料：

- 200毫升干白葡萄酒
- 1.5 千克蛤蜊，冲洗干净并丢弃任何封闭的蛤蜊
- 3汤匙橄榄油
- 2 根香蕉葱，去皮并切丁
- 6 瓣大蒜，去皮并切成薄片
- 80 克 nduja 香肠
- 250 克小李子番茄，减半
- 400克扁面条
- 2 小把平叶欧芹，切碎，另加备用

- 海盐和现磨黑胡椒

指示：

a) 将带有紧密盖子的平底锅放在高温下， 直到冒烟。与此同时，用平纹细布或新的 J 型布将漏勺排成一行，然后将其放在另一个平底锅上。

b) 将酒倒入烟熏锅中，加入蛤蜊，然后盖上盖子煮 3-4 分钟， 直到蛤蜊张开。通过准备好的漏勺过滤。

c) 将一个大炒锅放在中火上，加入橄榄油和红葱，煮 2 分钟。加入大蒜，再煮 2 分钟。

d) 增加热量，加入 nduja 并用勺子将其打碎。再煮 2 分钟，然后倒入蛤蜊酒煮 5 分钟，然后加入西红柿。

e) 将一壶水烧开，然后将其倒入平底锅中，加盐调味，然后再次煮沸。加入意大利面并煮 10 分钟，或直至变硬。

f) 在炖酱汁和煮意大利面的同时，从十几个蛤蜊中挑选肉。

g) 意大利面准备好后，用漏勺沥干水分，保留烹饪用水。将意大利面和一勺备用水、蛤蜊肉和欧芹一起加入酱汁中。将平底锅充分翻动，以便在意大利面上涂上酱汁。

h) 调味后盛入温热的碗中，用带壳的蛤蜊和一些额外的欧芹装饰。

74. 蟹肉西葫芦意大利面

服务 2

- 200克意大利面
- 2汤匙橄榄油
- 1 根香蕉葱， 去皮并切碎
- 3 瓣大蒜， 去皮并切成薄片
- 1 根长红辣椒， 如果你想要更温和的口味， 可以去籽， 切碎
- 50毫升干白葡萄酒
- 300 克西葫芦， 磨碎或切丝
- 50克棕色蟹肉
- 100 克鲜奶油
- 150克白蟹肉
- 1个柠檬皮
- 2汤匙切碎的莳萝

- 40 克黄油，切块
- 海盐和现磨黑胡椒

指示：

a) 将一壶水烧开。倒入平底锅，加盐调味，然后再次煮沸。加入意大利面并煮 10 分钟，或直至变硬。

b) 同时，将一个大的不粘炒锅放在中高火上，然后加入油。热时，加入小葱，煮 2 分钟。

c) 加入大蒜和辣椒，再煮 2 分钟。倒入白葡萄酒，然后把火调高，煮到酒减半。

d) 加入西葫芦、褐蟹肉和法式鲜奶油，搅拌均匀。

e) 沥干意大利面，保留水。将意大利面和半勺开水、白蟹肉、柠檬皮、一半莳萝和黄油一起放入炒锅中，煮 1 分钟。搅拌意大利面，确保它涂上酱汁并调味。

f) 装在碗里，撒上剩余的莳萝。

75. Farfalle 配棕色黄油、豌豆和鼠尾草

4人份

原料：

- 400克法拉法勒
- 250克新鲜豌豆
- 80 克帕玛森芝士，磨碎，另加备用
- 海盐和现磨黑胡椒
- 对于棕色黄油
- 200克黄油
- 一大把鼠尾草叶
- 3 瓣大蒜，去皮并切碎

指示：

a) 将一壶水烧开。用它半装满平底锅，加盐调味，然后重新煮沸。（重要的是加入足够的水来覆盖意大利面，这样水就会变得尽可能含淀粉。）加入意大利面，搅拌均匀并煮 10 分钟，或直到变硬。

b) 同时，将黄油放入炒锅中，用高温加热。当它开始变成褐色时，从火上移开，加入鼠尾草叶和大蒜，搅拌均匀。

c) 把意大利面沥干，保留煮饭的水。

d) 将一勺备用水倒入炒锅中，加入豌豆。将锅放回火上煮 1-2 分钟，同时不断搅拌。

e) 加入意大利面和巴马干酪，搅拌均匀。如果需要，再加一点面食水，然后调味。

f) 盛在温暖的碗中，撒上黑胡椒和额外的巴马干酪。

76. 牛肝菌意大利面配松子

服务 2

原料：

- 15克干牛肝菌
- 200克意大利面
- 30克松子
- 1汤匙橄榄油
- 60克黄油
- 1 根香蕉葱， 去皮并切碎
- 2 瓣大蒜， 去皮并切碎
- 100毫升干白葡萄酒
- 200 克新鲜蘑菇， 最好是牛肝菌或野生蘑菇， 切成薄片

- 2汤匙切碎的龙蒿
- 25 克帕玛森芝士，精细磨碎，另加备用
- 1 汤匙平叶欧芹，大致切碎
- 3 汤匙鲜奶油
- 海盐和现磨黑胡椒

指示：

a) 将一壶水烧开。将干牛肝菌放入一个耐热的小碗中，加入足够的开水没过它们。盖上保鲜膜备用。

b) 将剩余的开水倒入平底锅中，加入少许盐，再次煮沸。加入意大利面并煮 7-10 分钟，或直至变硬。

c) 同时，将松子放入干燥的煎锅中，用中火加热，摇动平底锅，直到松子被轻轻烤熟。放在一边直到需要。

d) 将橄榄油和一半黄油放入炒锅中，用小火加热。黄油融化后，加入小葱，轻轻煮 2-3 分钟。加入大蒜，再轻轻煮 2 分钟。

e) 把火调高，加入白葡萄酒，让它减半。

f) 将浸泡过的牛肝菌中的液体直接滤入锅中，然后将水含蘑菇大致切碎并加入。当液体减半时，加入新鲜蘑菇和龙蒿，充分搅拌直至蘑菇变软。

g) 沥干意大利面，保留水。将意大利面加入蘑菇混合物中，然后加入帕尔马干酪、欧芹和剩余的黄油，如果需要，再加一些保留的水。

h) 根据口味调味意大利面，拌入法式酸奶油，盛入碗中，撒上额外的巴马干酪和松子。

77. 藏红花米粒配火鸡肉丸

4人份

原料：

- 500 克碎火鸡大腿肉
- 40 克帕玛森芝士，精细磨碎，另加备用
- 3汤匙平叶欧芹，切碎
- 1个柠檬皮
- 1个鸡蛋，轻轻打
- 50克新鲜面包屑
- 50克普通面粉
- 1汤匙橄榄油
- 220毫升鸡汤
- 海盐和现磨黑胡椒

- 对于藏红花米粒
- 80克黄油
- 2 根香蕉葱，去皮并切丁
- 2 瓣大蒜，去皮并切碎
- 一撮藏红花粉
- 1 升鸡汤
- 400克米粒
- 2 汤匙切碎的牛至叶
- 20 克帕玛森芝士，精细磨碎

指示：

a) 将切碎的火鸡、巴马干酪、欧芹、柠檬皮、鸡蛋和面包屑放入一个大碗中，用盐和胡椒调味。拌匀，分成24个核桃大小的丸子。放入冰箱直至需要。

b) 要制作米粒，请在大炒锅中用中火融化一半黄油。加入葱煮 2 分钟，然后加入大蒜再煮 2 分钟。

c) 加入藏红花和一升高汤，煮沸。倒入米粒，煮 10 分钟，或直到有嚼劲，不时搅拌。

d) 从冰箱中取出肉丸，在每个肉丸上轻轻裹上一层面粉。将一个大的不粘煎锅放在高温下。热时，倒入橄榄油，加入肉丸，煮至金黄色。

e) 将 220 毫升的高汤倒入锅中，用文火慢炖，再将肉丸再煮 5 分钟，或直至煮熟且酱汁变稠。

f) 米粒准备好后，加入牛至搅拌，然后加入巴马干酪和剩余的 40 克黄油。调味后放入温热的碗中食用，上面放上火鸡丸子和一些额外的帕尔马干酪。

78. 韩式虾仁炒饭

4人份

原料：

- 2个鸡蛋，轻轻打
- 2汤匙植物油
- 2汤匙芝麻油
- 400 克去皮生虎虾，纵向切成两半
- 2 汤匙 gochujang 辣椒酱
- 3 x 250 克包熟长粒米和菰米
- 2汤匙酱油
- 1汤匙鱼露
- 2大把豆芽
- 150克冷冻豌豆
- 海盐和白胡椒粉

- 服务
- 100 克泡菜，切碎
- 1茶匙黑芝麻
- 一大把香脆的炸洋葱（超市有售）
- 4 个葱，修剪并切成一定角度
- 是拉差辣椒酱

指示：

a) 将一个大的不粘锅放在高温下。用盐和白胡椒调味鸡蛋。

b) 将两种油的一半加入锅中，旋转以涂上一层，然后倒入鸡蛋。煮 1 分钟，轻轻搅拌以将它们打碎，然后将它们滑到盘子上。

c) 把锅放回高温。热时，加入剩余的油，然后加入虾，翻炒 1-2 分钟。加入辣椒酱并搅拌均匀。

d) 加入米饭、酱油和鱼露，再翻炒 2-3 分钟。将鸡蛋放回锅中，加入豆芽和豌豆，再翻炒 2-3 分钟。

e) 将米饭盛在温热的碗中，饰以泡菜、芝麻、香脆炸洋葱、葱和少许是拉差酱。

沙拉和配菜

79. 绿豆芽

原料：

- 600 克球芽甘蓝，切成四等份并切块。
- 600 克绿豆。
- 1汤匙橄榄油。
- 将 1 个柠檬切碎并榨汁。
- 4 汤匙烤松子。

指示：

a) 煮几秒钟， 然后加入蔬菜， 炒 3-4 分钟， 直到豆芽稍微变色。

b) 加入少许柠檬汁、盐和胡椒调味。

80. 蘑菇抓饭

使 2

原料：

- 1 杯大麻籽
- 2汤匙椰子油
- 3 个中等大小的蘑菇，切成小块
- ¼ 杯杏仁片
- ½ 杯蔬菜汤
- ½ 茶匙大蒜粉
- ¼ 茶匙干欧芹
- 盐和胡椒粉调味

指示：

a)　在平底锅中用中火加热椰子油并使其沸腾。锅开始冒泡后，将切好的杏仁和蘑菇加入锅中。

b)　蘑菇变软后，将大麻籽加入锅中。彻底混合所有东西。

c)　添加 肉汤和调味料。

d)　把火调到中低，让肉汤浸泡并用文火炖。

81. 炒羽衣甘蓝芽

使 2

原料：

- ½ 袋羽衣甘蓝芽
- 油炸用油
- 盐和胡椒粉调味

指示：

a) 在深油炸锅中，将油加热至热。

b) 将羽衣甘蓝芽放入炸篮中。

c) 继续煮羽衣甘蓝芽，直到球茎边缘变成褐色，叶子呈深绿色。

d) 从篮子中取出并用纸巾吸干多余的油脂。

e) 加入盐和胡椒调味即可享用！

82. 烤蔬菜

做6份

原料：

- 2 个中号西葫芦
- 8 盎司蘑菇
- 2 个甜椒
- 4 汤匙鳄梨油
- ½ 茶匙干牛至
- ½ 茶匙干罗勒
- ¼ 茶匙大蒜粉
- ½ 茶匙干迷迭香

指示：

a) 将油与干香料混合。加入少许盐和胡椒粉。

b)　在加热烧烤时静置10 分钟或更长时间。

c)　在相当热的温度下烧烤蔬菜。将蔬菜煮至嫩脆，即可食用！

83. 什锦蔬菜沙拉

使 1

原料：

沙拉

- 2 盎司混合蔬菜
- 3 汤匙松子或杏仁，烤
- 2 汤匙首选香醋
- 2汤匙剃光巴马干酪
- 1 个鳄梨，去除果核和果皮并切片
- 盐和胡椒粉调味

指示：

a) 食用方法：将蔬菜与松子和香醋一起搅拌。

b) 用盐和胡椒调味，并用巴马干酪屑装饰。

c)	享受。

84. 豆腐和白菜沙拉

使 3

原料：

- 15 盎司特硬豆腐
- 9 盎司白菜

腌料

- 1汤匙酱油
- 1汤匙芝麻油
- 1汤匙水
- 2 茶匙蒜末
- 果汁 ½ 柠檬

酱

- 1 根 葱
- 2汤匙香菜，切碎

- 3汤匙椰子油
- 2汤匙酱油
- 1汤匙是拉差
- 1 汤匙花生酱
- 果汁 ½ 青柠
- 7 滴液体甜叶菊

指示：

a)　将烤箱预热至 350 华氏度。

将所有腌料材料（酱油、芝麻油、水、大蒜和柠檬）混合在搅拌碗中。

b)　将豆腐切成方块，与塑料袋中的腌料混合。腌制10分钟或更长时间。

c)　取出豆腐，在烤盘上烤 15 分钟。

在混合盘中，混合所有酱汁成分。

d)　将豆腐从烤箱中取出，将豆腐、白菜和酱汁放入沙拉碗中。

85. 泰国藜麦沙拉

给沙拉用的：

- ½ 杯煮熟的藜麦我使用了红色和白色的组合。
- 3 汤匙磨碎的胡萝卜。
- 2 汤匙红辣椒，小心切片。
- 3 汤匙黄瓜，切成薄片。
- 如果冷冻，½ 杯毛豆解冻。
- 2 个大葱，切碎。
- ¼ 杯红甘蓝，切成薄片。
- 1 汤匙香菜，小心切碎。
- 2 汤匙烤花生，切碎（可选）。
- 去尝盐味。

泰式花生酱：

- 1 汤匙奶油天然花生酱。
- 2茶匙低盐酱油。
- 1茶匙米醋。
- ½ 茶匙芝麻油。
- ½ - 1 茶匙是拉差酱（可选）。
- 1 瓣大蒜， 切碎。
- ½ 茶匙磨碎的生姜。
- 1茶匙柠檬汁。
- ½ 茶匙龙舌兰花蜜（或蜂蜜）。

指示：

a) 制作泰式花生酱：

将所有配料混合在一个小碗中， 搅拌均匀。

b) 做沙拉：

c) 将藜麦与蔬菜一起放入搅拌碗中。包括调料并充分混合以整合。

d) 把烤好的花生喷在上面就可以吃了！

86. 荞麦面、西葫芦和棕虾沙拉

4人份

原料：

- 200克荞麦面
- 花生油，用于毛毛雨
- 200 克螺旋状"西葫芦"（约 2 个西葫芦）
- 150克煮熟的棕色虾
- 150 克圣女果，减半
- 25 克细香葱，切碎
- 2汤匙芝麻
- 对于酱油酱
- ½ 茶匙第戎芥末酱
- 1.5 汤匙米醋
- 1汤匙芝麻油

- 2 汤匙日本酱油
- 1 汤匙味醂
- 50毫升橄榄油
- 2 厘米的新鲜姜根，去皮并磨碎
- 1 瓣大蒜，去皮并压碎
- 一撮海盐

指示：

a) 将一壶水烧开，然后倒入一个大平底锅中。用中高火重新煮沸，然后加入荞麦面煮 4 分钟。沥干并用冷水冲洗，使面条快速冷却。彻底沥干，然后淋上少许花生油以防止面条粘在一起。

b) 将冷却的面条放入一个大碗中，加入螺旋状西葫芦、虾、西红柿和细香葱。

制作调料时，将所有原料放入碗中，搅拌均匀。

c) 将芝麻在干煎锅中烤 2-3 分钟，或直到金黄，定期摇动平底锅。

将调料倒在沙拉上并搅拌均匀，以确保所有配料都涂好。上菜前撒上烤芝麻。

87. 羽衣甘蓝凯撒沙拉配大蒜面包丁

4人份

原料：

- 1个大蒜瓣，去皮压碎
- 3汤匙橄榄油
- 2汤匙平叶欧芹，切碎
- 150克酵母面包
- 1汤匙植物油
- 200 克烟熏培根猪油
- 100 克混合羽衣甘蓝（绿色和紫色，如果有的话）
- 4颗小宝石生菜
- 100 克小栗子蘑菇，切成薄片

- ½ 个红洋葱，去皮并切成薄片
- 8 条橄榄油凤尾鱼
- 40克帕玛森芝士
- 海盐和现磨黑胡椒
- 对于敷料
- 100克优质法国蛋黄酱
- 1个大蒜瓣，去皮压碎
- 20 克帕玛森芝士，精细磨碎
- 1 茶匙第戎芥末 ½ 柠檬汁
- 8 条橄榄油凤尾鱼（可选）
- 1-2汤匙水

指示：

a) 将烤箱预热至 220°C/200°C 风扇/燃气 7. 在烤盘上铺上烤纸。

b) 将大蒜、橄榄油和欧芹放入碗中，用盐和胡椒调味并拌匀。

c) 将酵母撕成小块，放入盛有大蒜油的碗中。混合直至涂好，然后将面包铺在准备好的托盘上。放入烤箱烘烤 8-10 分钟，或直至呈金黄色。

d) 将一个大的不粘煎锅放在中高火上。热时，加入植物油，然后加入猪油，煮 5-8 分钟，或直至变脆。

e) 同时，制作调料：将蛋黄酱、大蒜、巴马干酪、芥末和柠檬汁放入碗中。将凤尾鱼切碎，加入碗中并搅拌混合。加水使敷料变松。

f) 将羽衣甘蓝撕成一口大小的碎片。修剪生菜并分开叶子。将较大的叶子纵向切成两半，并保持较小的叶子完整。将所有叶子放入沙拉碗中，加入蘑菇片和红洋葱。

g) 把调料倒在沙拉上，搅拌均匀。撒在面包丁和培根猪油上，然后将剩下的凤尾鱼纵向切成两半，放在上面（如果使用的话）。使用蔬菜削皮器，在上菜前将巴马干酪刮在沙拉上。

88. 热茄子、番茄和布拉塔奶酪

4人份

原料：

- 3 个茄子，修剪并切成 1 厘米厚的薄片
- 4汤匙橄榄油
- 850 克传统西红柿，切成 1 厘米厚的薄片
- 80克火箭叶
- 3 布拉塔
- 海盐
- 对于敷料
- 60毫升橄榄油
- 1 根香蕉葱，去皮并切丁
- 2 瓣大蒜，去皮并切丁

- 3 根迷迭香小枝，摘下叶子并切碎
- 40毫升红酒醋
- ½ 茶匙辣椒片（可选）
- 现磨黑胡椒

指示：

a) 将平底锅放在高温下。

b) 在每个茄子片上刷上少许橄榄油，并撒上盐。放几片，油面朝下，放在烤盘上，在顶部刷上一点油，再撒一点盐。每边煮 2-3 分钟，或直到烧焦变软。重复剩余的切片。

c) 将调味油倒入小平底锅中，用中火加热 2-3 分钟。当一片葱放入锅中发出轻微的嘶嘶声时，它就足够热了。关掉暖气，然后加入所有的葱、大蒜和迷迭香，搅拌均匀。轻轻煮 2-3 分钟，然后加入醋和辣椒片（如果使用）并用盐和胡椒调味。

d) 将茄子片和西红柿放在浅碗或盘子里。在每一层上淋上一点敷料，然后撒上芝麻菜。将每个 burrata 切成两半并放在上面。淋上剩余的调料即可食用。

89. 哈罗米干酪、芦笋和绿豆沙拉

服务 2

原料：

- 250 克优质青豆，切碎
- 100 克上好的芦笋，切碎
- 250 克哈罗米干酪
- ½ 茶匙辣椒片
- 1汤匙橄榄油
- 200 克圣女果，减半
- 50 克去核卡拉马塔橄榄
- 一小把豌豆苗

- 海盐和现磨黑胡椒
- 对于敷料
- 2 根罗勒小枝，摘下叶子
- 2 根薄荷枝，摘下叶子
- 1汤匙红酒醋
- 3汤匙特级初榨橄榄油

指示：

a) 将一壶水烧开，然后倒入平底锅中。用盐调味并将其置于高温下。再次煮沸后，加入豆子煮 4 分钟，然后加入芦笋再煮一分钟。将蔬菜沥干并放入一大碗冰水中以停止烹饪过程。

b) 制作调料时，将罗勒和薄荷叶与醋和油一起放入小型食品加工机中。用盐和胡椒调味，搅拌至光滑。

c) 将 halloumi 水平切成两半，这样你就有两个矩形。在每一个上撒上一些辣椒片。

d) 将不粘煎锅放在中高火上。热时，加入油并轻轻旋转以均匀涂抹底座。将哈罗米干酪片放入锅中，辣椒面朝下，再在顶部撒上一点辣椒。每边煮 2-3 分钟，或直到金黄色。

e) 同时，将豆子和芦笋沥干，放入装有圣女果和一半调料的碗中。充分混合并分装在两个盘子之间。把哈罗米放在上面。

f) 将橄榄放入煎锅中加热，然后将它们撒在哈罗米干酪周围。上菜前淋上剩余的调料，并用几颗豌豆苗装饰。

90. 甜菜根沙拉配生山羊奶酪

服务 2

原料：

- 40克榛子
- 1 根生糖果甜菜根
- 4个煮熟的甜菜根
- ½ 袋（60 克）商店购买的甜菜根沙拉混合物
- 对于敷料
- 1 汤匙雪利酒醋
- 1 汤匙甜菜根汁（可选）
- 1茶匙第戎芥末
- 3汤匙特级初榨橄榄油

- 海盐和现磨黑胡椒
- 对于生奶酪
- 100 克软山羊奶酪
- 50克奶油芝士
- ½ 柠檬皮
- 2 根柠檬百里香小枝，摘下叶子
- 1-2茶匙水

指示：

a) 将烤箱预热至 200°C/180°C 风扇/气体 4。

b) 将榛子铺在一个小烤盘上，放入烤箱烤 5-8 分钟，或直到它们变成深金黄色。

同时，将所有调味料放入一个小碗中。用盐和胡椒调味，搅拌均匀。

c) 使用曼陀林或锋利的刀，将甜菜根切得很细，然后用圆形糕点刀（直径约 6.5 厘米）在每片上刻一个圆圈。将圆圈放在敷料中轻轻腌制。

d) 将榛子从烤箱中取出并冷却。

将搅打过的奶酪原料放入食品加工机中，加入少许盐和胡椒粉。搅拌至光滑，如有必要，再加一点水使其变松。放入冰箱直至需要。

e) 将煮熟的甜菜根切成四分之一，然后将它们与沙拉混合物一起放入碗中。加入一半调料，调味并充分混合，然后分装在两个盘子中。从调料中取出甜菜根片，放在沙拉上。用勺子点上搅打好的山羊奶酪，然后用勺子浇在剩余的调料上。

f) 使用刀的平面，在砧板上压碎榛子，使它们轻轻破碎。在每个盘子上撒一些即可食用。

91. 越南肉丸面条沙拉

服务 2

原料：

- 250克猪肉碎
- 2茶匙柠檬草酱
- 1汤匙鱼露
- 1茶匙白糖
- 1 瓣大蒜， 去皮并压碎
- 2 个葱， 修剪并切碎
- 一撮白胡椒粉
- 1汤匙植物油
- 给沙拉用的
- 100克米粉

- 1 根大胡萝卜，去皮切丝
- ½ 黄瓜，切丝
- 2把豆芽
- 8 颗小宝石生菜叶
- 新鲜薄荷和香菜叶
- 20 克咸花生，切碎
- 对于敷料
- 30毫升鱼露
- 30毫升米醋
- 1 汤匙细砂糖
- ½ 酸橙汁
- 1 瓣大蒜，去皮并切碎
- 30毫升水
- ½ 红辣椒，如果你想要更温和的口味，去籽，切碎

指示：

a) 将猪肉、香茅酱、鱼露、白糖、蒜泥、青葱和白胡椒粉放入碗中，用干净的手搅拌均匀。分成 12 等份，然后将每份擀成球并稍微压扁。放在一边。

b) 将一壶水烧开。将面条放入一个耐热的大碗中，倒入足够的开水以没过面条。向一侧放置 10 分钟。

c) 同时，准备胡萝卜和黄瓜。

d) 当面条变软时，将它们沥干并放在冷水下直至冷却。再次排干并将它们放在一侧，直到需要为止。

e) 将一个大的不粘煎锅放在中高火上，加入植物油。热时，加入肉丸，每面煮 2-3 分钟，或直到金黄色并煮熟。

在煮肉丸的同时，将所有调料放入碗中搅拌均匀。

f) 将面条分成两个碗，加入胡萝卜、黄瓜、豆芽、生菜叶和新鲜香草。在上面放上煮熟的肉丸。用勺子把一些调料浇在沙拉上，剩下的放在一边。上菜前撒在花生上。

92. 亚洲鸭沙拉

服务 2

原料：

- 2个鸭胸
- 1茶匙中国五香粉
- 6 个萝卜，切成薄片
- ⅓ 黄瓜，纵向切成两半并斜切
- 2大把西洋菜
- 2大把豆芽
- 2大把混合沙拉叶
- 一小把香菜叶
- 1 茶匙烤芝麻

- 1 根长的红辣椒，如果你想要更温和的口味，可以去籽，切成一定角度
- 2 个小葱，只有绿色部分，纵向切得很细
- 海盐和现磨黑胡椒
- 对于敷料
- 1.5 汤匙海鲜酱
- 1 茶匙去皮磨碎的生姜
- 1汤匙芝麻油
- 1汤匙米醋
- ½ 酸橙汁

指示：

a) 将烤箱预热至 200°C/180°C 风扇/气体 6。

b) 用一把非常锋利的刀，在鸭胸皮上沿对角线划线，首先是一个方向，然后是另一个方向，这样你就有了一个菱形图案。擦入五香粉，然后用盐和胡椒调味。

c) 将鸭胸肉，带皮的一面朝下，放入不粘、耐热的煎锅中。将平底锅放在中高火上煮 7 分钟，或直到脂肪变软并且外皮酥脆呈金黄色。

d) 同时，将萝卜和黄瓜与西洋菜、豆芽、混合沙拉叶和香菜一起放入沙拉碗中。

通过将所有成分搅拌在一起来制作调料。

e) 将鸭胸翻过来，将煎锅放入烤箱烤 3-4 分钟。从烤箱中取出，静置 2-3 分钟。

f) 将一半的调料加入沙拉碗中，搅拌均匀。将沙拉分成两个盘子。

g) 将鸭肉切成厚片，放在沙拉上。上菜前用勺子舀上剩余的调料，撒上芝麻、辣椒和葱。

93. 香煎三文鱼配热土豆沙拉

4人份

原料：

- 700 克新土豆或沙拉土豆，例如夏洛特或粉红冷杉苹果
- ½ 茶匙盐
- 1 片月桂叶
- 2 根百里香小枝
- 5粒黑胡椒粒
- 1汤匙橄榄油
- 4 条鲑鱼片，带皮
- 2个香蕉葱
- 2汤匙莳萝

- 150 克鲜奶油
- 2汤匙极品刺山柑
- 海盐和现磨黑胡椒
- 柠檬角，服务

指示：

a) 将一壶水烧开，然后倒入平底锅中。加入土豆、盐、月桂叶、百里香小枝和胡椒粒，盖上锅盖，煮沸。煮沸后，取下盖子，调小火煮 10-12 分钟，或直至煮熟。

b) 煮土豆时，将红葱去皮切碎，莳萝切碎。

c) 土豆煮熟后，沥干水分，放在案板上稍微冷却。丢弃月桂叶、百里香枝条和胡椒粒。

d) 将一个大煎锅放在中高火上，加入橄榄油。用盐调味鲑鱼片，一旦油热，将它们放入锅中，带皮的一面朝下。煮 3-4 分钟，然后翻面再煮 1-2 分钟。将平底锅从火上移开并放在一侧。

e) 用干净的茶巾保护您的手，将热土豆切成薄片，与小葱、莳萝、法式酸奶油和刺山柑一起放入碗中。搅拌混合，并用盐和黑胡椒充分调味。

f) 将鲑鱼片放在盘子里，旁边放上柠檬片，然后加入一大勺热土豆。与蔬菜沙拉一起食用。

94. 烟熏鹰嘴豆金枪鱼沙拉

鹰嘴豆金枪鱼：

- 15 盎司煮熟的鹰嘴豆罐头或其他罐头。
- 2-3汤匙原味酸奶
- 2 茶匙第戎芥末酱。
- ½ 茶匙孜然粉。
- ½ 茶匙烟熏辣椒粉。
- 1汤匙新鲜柠檬汁。
- 1 根芹菜茎，切丁。
- 2 葱切碎。
- 海盐调味。

三明治组装：

- 4 片黑麦面包或发芽小麦面包。

- 1 杯婴儿菠菜。
- 1 个鳄梨切片或立方体。
- 盐+胡椒。

指示：

a) 准备鹰嘴豆金枪鱼沙拉

在食品加工机中，搅拌鹰嘴豆，直到它们看起来像粗糙、易碎的质地。将鹰嘴豆倒入一个中等大小的碗中，加入剩余的活性成分，搅拌均匀。根据自己的口味加入大量海盐调味。

b) 做你的三明治

c) 在每片面包上铺上嫩菠菜；加入几堆鹰嘴豆金枪鱼沙拉，均匀摊开。在上面放上鳄梨片、几粒海盐和新磨碎的胡椒粉。

甜点S

95. 香菜注入鳄梨酸橙冰糕

使 4

原料：

- 2 个鳄梨（去核和去皮）
- ¼杯 赤藓糖醇，粉状
- 2 个中等大小的酸橙，榨汁和调味
- 1 杯椰奶
- ¼ 茶匙液体甜叶菊
- ¼ – ½ 杯香菜，切碎

指示：

a) 将椰奶放入平底锅中煮沸。加入酸橙皮。

b) 让混合物冷却然后冷冻。

c) 在食品加工机中，混合鳄梨、香菜和酸橙汁。脉冲直到混合物具有厚实的质地。

d) 将椰奶混合物和液体甜叶菊倒在鳄梨上。将混合物脉冲在一起，直到达到适当的稠度。完成此任务大约需要 2-3 分钟。

e) 返回冰箱解冻或立即食用！

96. 樱桃和 巧克力甜甜圈

使 12

干料

- 3/4 杯杏仁粉
- ¼ 杯金色亚麻籽粉
- 1 茶匙泡打粉
- 捏盐
- 10 克黑巧克力晚块，切成块

湿成分

- 2个大鸡蛋
- 1 茶匙香草精
- 2.5 汤匙椰子油
- 3汤匙椰奶

指示：

在一个大的搅拌碗中，混合干成分（黑巧克力除外）。

混合湿成分，然后折叠在黑巧克力块中。

a)　插入甜甜圈机并在必要时上油。

b)　将面糊倒入甜甜圈机中，关闭并煮约 4-5 分钟。

c)　把火调小，再煮 2-3 分钟。

d)　重复其余的面糊，然后发球。

97. 乡村小屋派

做 4 到 6 份

原料：

- 育空黄金土豆，去皮切丁
- 2汤匙人造黄油
- ¼ 杯原味不加糖豆浆
- 盐和现磨黑胡椒
- 1汤匙橄榄油
- 1 个中等黄色洋葱，切碎
- 1 根中等大小的胡萝卜，切碎
- 1根芹菜排骨，切碎
- 12盎司 seita n ，切碎
- 1 杯冷冻豌豆

- 1杯冷冻玉米粒
- 1茶匙干香
- ½ 茶匙干百里香

指示：

a) 在一锅沸腾的盐水中，将土豆煮至变软，持续 15 至 20 分钟。

b) 沥干水分并放回锅中。加入人造黄油、豆浆、盐和胡椒调味。

c) 用马铃薯捣碎器粗捣碎并放在一边。将烤箱预热至 350° F。

d) 在一个大煎锅中，用中火加热油。加入洋葱、胡萝卜和芹菜。

e) 盖上盖子煮至变软，大约 10 分钟。将蔬菜转移到 9 x 13 英寸的烤盘中。加入面筋、蘑菇酱、豌豆、玉米、咸味和百里香。

f) 用盐和胡椒调味，然后将混合物均匀地铺在烤盘中。

g) 在上面放上土豆泥，铺到烤盘的边缘。烘烤直到土豆变成褐色并且馅料起泡，大约需要 45 分钟。

h) 立即服务。

98. 巧克力苦杏仁火锅

做 4份

原料：

- 3盎司不加糖的烘焙巧克力
- 1 杯浓奶油
- 24包阿斯巴甜甜味剂
- 1汤匙糖
- 1 茶匙苦杏酒
- 1茶匙香草精
- 浆果，每份 ½ 杯

指示：

a) 将巧克力切成小块，与奶油一起放入 2 杯量杯中。

b) 在微波炉中高温加热，直到巧克力融化，大约 2 分钟。搅拌直到混合物发亮。

c)　加入甜味剂、糖、苦杏酒和香草，搅拌直至混合物变得光滑。

d)　将混合物转移到火锅锅或碗中。与浆果一起食用。

99. 果馅饼配覆盆子酱

做2到4份

原料：

- 1杯牛奶
- 1 杯对半
- 2个大鸡蛋
- 2个大蛋黄
- 6包阿斯巴甜甜味剂
- ¼ 茶匙犹太洁食盐
- 1茶匙香草精
- 1 杯新鲜覆盆子

指示：

a) 将装满 1 英寸水的烤盘放在烤箱下三分之一的架子上。

b)　在六个 ½ 英寸小模子上涂黄油。将牛奶和牛奶在微波炉中以高火（100% 功率）加热 2 分钟，或在炉灶上的中型平底锅中加热直至变热。

c)　与此同时，将鸡蛋和蛋黄放入一个中等大小的碗中搅拌至起泡。

d)　逐渐将热牛奶混合物搅拌到鸡蛋中。加入甜味剂、盐和香草。将混合物倒入准备好的小模子中。

e)　放入装满水的平底锅中烘烤，直到蛋羹凝固，大约 30 分钟。

f)　将盘子从烤盘中取出，放在金属架上冷却至室温，然后冷藏约 2 小时直至冷却。

g)　要制作果酱，只需在食品加工机中将覆盆子打成泥。加入甜味剂调味。

h)　服侍时，用勺子围绕每个蛋奶沙司的边缘，然后将其倒在甜点盘上。

i)　在蛋羹上淋上果酱，最后撒上一些新鲜的覆盆子和一小撮薄荷，如果使用的话。

100. 水果球

做2份

原料：

- ½ 杯瓜球
- ½ 杯 切半的草莓
- 1汤匙波旁威士忌
- 1汤匙糖
- ½ 包阿斯巴甜甜味剂
- 装饰用的新鲜薄荷枝

指示：

a) 将甜瓜球和草莓混合在一个玻璃盘中。

b) 与波旁威士忌、糖和阿斯巴甜一起搅拌。

c) 盖上盖子并冷藏至食用时间。将水果舀入甜点盘中，并用薄荷叶装饰。

结论

恭喜，您已经读完了《忙碌妈妈的食谱》！我们希望这本书成为您的宝贵资源，即使在最忙碌的日子里，也能为您的家人提供健康美味的膳食提供实用的解决方案。

作为一个忙碌的妈妈，要在兼顾众多责任的同时还要照顾家人的营养需求，这可能是一项挑战。这本食谱是为您而设计的，食谱易于遵循，准备迅速，并富含必需的营养素。

请记住，做饭不一定是一件苦差事。它可以是一个有趣和有创意的发泄方式，也是一种通过美味和营养丰富的饭菜来表达您对家人的爱的方式。我们鼓励您尝试不同的配料和风味组合，并尽可能让您的孩子参与烹饪过程。

最重要的是，我们希望这本食谱有助于简化您的生活并为您的用餐时间带来欢乐。我们相信每个人都应该可以享用健康美味的食物，我们很自豪能与您分享这一系列食谱。

感谢您选择 **一切忙碌的**妈妈食谱，祝您烹饪愉快！

CPSIA information can be obtained
at www.ICGtesting.com
Printed in the USA
LVHW081921220323
742311LV00009B/633

9 781783 573462